Evolução de um Kiumba

No Reino da Serpente Negra

José Usher

Evolução de um Kiumba

No Reino da Serpente Negra

MADRAS®

© 2021, Madras Editora Ltda.

Editor:
Wagner Veneziani Costa (*in memoriam*)

Produção e Capa:
Equipe Técnica Madras

Imagem da Capa:
Dazabiel-Moonrider

Revisão:
Arlete Genari

Dados Internacionais de Catalogação na Publicação
(CIP)(Câmara Brasileira do Livro, SP, Brasil)

Usher, José
Evolução de um Kiumba: no reino da serpente negra/José Usher. – São Paulo:
Madras, 2021.

ISBN 978-65-5620-008-8

1. Romance brasileiro 2. Umbanda (Culto)
I. Título.

20-43516   CDD-299.672

Índices para catálogo sistemático:
1. Romance mediúnico: Umbanda 299.672
Cibele Maria Dias – Bibliotecária – CRB-8/9427

É proibida a reprodução total ou parcial desta obra, de qualquer forma ou por qualquer meio eletrônico, mecânico, inclusive por meio de processos xerográficos, incluindo ainda o uso da internet, sem a permissão expressa da Madras Editora, na pessoa de seu editor (Lei nº 9.610, de 19/2/1998).

Todos os direitos desta edição reservados pela

MADRAS EDITORA LTDA.
Rua Paulo Gonçalves, 88 – Santana
CEP: 02403-020 – São Paulo/SP
Caixa Postal: 12183 – CEP: 02013-970
Tel.: (11) 2281-5555 – (11) 98128-7754
www.madras.com.br

Ao Sagrado Guardião da Serpente Negra, ofereço minha eterna gratidão pela proteção e oportunidade.

Índice

Prólogo 9
Capítulo 1 – Atravessando entre as Serpentes Negras 11
Capítulo 2 – Nos Domínios da Feiticeira Ulasilash 41
Capítulo 3 – Como Testemunha Diante de
um Mistério 51
Capítulo 4 – O Poder da Minha Escuridão Interna 77
Capítulo 5 – Na Armadilha de Exu Lúcifer 95
Capítulo 6 – Despertando Diante do Exu Lúcifer 107
Capítulo 7 – De Volta aos Domínios da
Serpente Negra 115
Capítulo 8 – Uma Batalha com Sabor ao Final 129
Capítulo 9 – Iniciando-me no Mistério
da Serpente Negra 139

Prólogo

... E outra vez estava eu diante de mais um precipício do meu destino. Pronto para sofrer e, do sofrimento, obter a tinta que me forçaria a revelar mais memórias que se tornariam as correntes que me aprisionariam ao fundo dessas trevas.

Nunca pensei que enganar pessoas seria algo tão profundo e duradouro. Sinto o gosto da infinita escuridão. Sinto o gosto da escravidão disfarçada de poder, sujeito a uma corrente que nasce do dono de toda essa escuridão, que me liberta ou me retém de acordo com projetos que não consigo entender, mas os quais Eu devo assumir.

Não pensava em me encontrar novamente nesta situação, mas aqui estou eu, diante desse ser a quem devo revelar questões tão desnecessárias. Mas, como algumas vezes o ouvi dizer, "É a lei que deseja suas palavras e é a justiça que estica a sua língua. Você veio para o cansaço, e não para acreditar que seu descanso é o silêncio".

Não interfiro nas decisões impostas por uma lei que não conheço e por uma justiça que não aceito, mas aqui elas me têm novamente. Vamos continuar essa história que vibrou em seu ser quando você abriu minhas memórias anteriores.

Convido você a sentir o medo que está oculto em cada palavra que revelarei. Talvez agora eu me torne pó irrecuperável e descanse no silencioso sofrimento do esquecimento.

Bem-vindo às minhas memórias.

Capítulo 1

Atravessando entre as Serpentes Negras

O portal se fechou e houve um imenso silêncio. Eu duvidava de tanto silêncio, porque esse silêncio nas trevas tem uma forma e essa forma se transforma em cor, odores e cheiro prontos para calá-lo por um longo tempo. Senti que esse silêncio pleno respirava frio e assustador diante de mim. Eu só queria que alguém falasse...

– Por que não ouço nada, Senhor Serpente Negra? – perguntei.

– É importante falar ou sentir? – Serpente Negra respondeu.

– É importante seguir em frente...

– Seguir em frente? Hahaha, acho que está esperando muito de mim. Você ainda está sendo ingênuo.

– Mas eu vim ao seu domínio para ocupar um lugar no seu Mistério, meu Senhor!

– Você veio aos meus domínios para assumir sua verdadeira posição como trabalhador das trevas!

– Eu não entendo, revelei tudo o que o Guardião Cobra-Coral me pediu... – respondi atônito.

– Claro! Revelou tudo o que correspondia ao seu domínio, não ao meu – interrompeu Serpente Negra.

Fiquei muito surpreso com o que o Guardião disse, as camadas do silêncio da escuridão definitivamente não tinham funcionado. Algum tempo atrás, eu havia aprendido a arte da invisibilidade na escuridão, que permitia que pensamentos e imagens fossem apagados de maneira tal que ficavam imperceptíveis, porque se alimentavam da própria escuridão das trevas. Nesse momento entendi por que havia tanto silêncio naquele lugar.

– Entendo – continuei. – Então, não posso fazer nada se você descobriu. Isso acontece porque meu caminho é feito de desconfiança e dor. Preferi me esconder para não sofrer mais.

– E você acreditou que meu companheiro enxergaria apenas o que você revelasse a ele? É isso que eu quero dizer com ser uma ilusão! Hahaha! – ironizou Serpente Negra.

– Sim, estou tão iludido, mas ao mesmo tempo tão fiel ao silêncio das trevas, que os segredos em mim são o lugar privilegiado de ter passado por reinos negativos e ter deixado esses espaços sem ser escravo de seus Mistérios – rebati.

– Exatamente, fiel ao silêncio que é uma balbúrdia dentro das trevas. Silêncio que se abre e fala através do sofrimento. Silêncio que ressoa no seu arrependimento de ser cúmplice da ignorância de alguns magos negros que só afundam esse lugar ainda mais, trazendo consigo consciências que já não precisam estar aqui.

– Mas como saber, meu Senhor, que essas consciências não pertencem mais a este lugar? – indaguei.

– Há momentos em que as trevas já não interferem mais em seu amor pelo alto. Embora imponham castigos dos mais variados, a dor que eles carregam não é maior que seu desejo de retornar ao caminho da Luz. Quando você olha para o interior dessas consciências, não encontra mais rancores de grande porte que os atam a vidas e pessoas de seu passado ancestral. Portanto, já têm a consciência fértil para continuar a busca pelo nascimento do puro, justo e iluminado.

– Isso parece difícil com tanta pressão.

– É claro que é, mas, ao mesmo tempo, é essa a luta que propõem tanto os que obedecem ao alto quanto os que se apegam ao inferior do inferior.

– Inferior do inferior? – perguntei sem entender.

– Exatamente. O Senhor da Escuridão se encontra agora mesmo neste silêncio que tem quase uma forma. Mas ele não interfere porque aqui há uma liberdade condicionada à libertinagem – explicou Serpente Negra.

– Mas como a liberdade pode ser condicionada à sua contradição?

– Sua liberdade não está sujeita a uma lei, mas, por sua vez, é regulada pelo desejo maior daquele que não deseja ser controlado. Esse algo maior é Ele, que não interfere em suas ações, mas também não para de influenciar as reações, porque sua natureza de interferir faz dele o dono da sua liberdade. Então, quando você pensa estar livre aqui, é porque todas as suas ações são baseadas em uma dor ligada ao sofrimento de alguns, os quais não escolheram sofrer, mas optaram por machucar no devido tempo. Liberdade condicionada à libertinagem de alguns.

– É mais complexo do que eu possa entender – falei, confuso.

– Você ainda não viu o que é complexo... – Serpente Negra satirizou.

Nesse momento, espalhou-se um ar fétido que saía de algo que se abria, como se fosse uma nevasca. Senti medo ao perceber algumas serpentes se movendo em minha direção. Em pouco tempo, a pele delas começou a roçar em mim, escondendo meu corpo entre seus movimentos.

Sentia que me faltava ar e eu não conseguia respirar; eu estava sendo aprisionado por essas serpentes. Tentei balbuciar algo, não consegui mais dizer uma única palavra, pois várias das serpentes entraram na minha boca e foram parar no meu estômago. Então, fui direto ao chão, perdendo completamente a consciência.

Maldita seja a Serpente Negra! Mais uma vez, eu me senti como um escravo revelador. Mais uma vez, caí para trair meus companheiros das trevas. Dessa vez, eu sabia que não havia escapatória, sair desse lugar seria retornar ao pó da escuridão e fazer parte das dunas trevosas.

Não me recordo por quanto tempo permaneci coberto por aquelas serpentes, só sei que não queria mais estar ali.

– Chega! – disse uma voz profunda e ecoada.

– Vou revelar tudo, meu Senhor! Mas, por favor, não me deixe fora do seu domínio, ou vou acabar como um traidor da escuridão para sempre! – implorei.

– Não existem traidores na escuridão, escravo! Há, apenas mercadores das trevas. Alguns negociam a liberdade que alguns acreditam ter, outros negociam a libertinagem que alguns ganharam para fazer dessa devassidão seus braços que se estendem para corromper! – disparou a voz tenebrosa.

– A liberdade dos outros... – eu disse sussurrando.

– Vejo que você já entendeu o princípio da liberdade e libertinagem nas trevas.

– Resta em mim algo do Senhor Serpente Negra! Mas... Eu não sei seu nome, senhor.

– Você pode me chamar de Oklosish.

– Salve sua força, senhor Oklosish! – reverenciei.

– Salve sua liberdade feita de libertinagem, meu escravo, hahaha! – debochou Oklosish.

– Serei o instrumento de que eles necessitam – prontifiquei-me.

– Você será o revelador que não estava nos domínios do Guardião Cobra-Coral – respondeu Oklosish.

– Não é que eu não queria ser, mas me limitei ao que é relacionado aos seus domínios.

– Isso não é definido por você, mas por nós – retrucou Oklosish.

– Então deixe minhas memórias continuarem – pedi.

– Não apenas suas memórias, mas as de milhares de escravos que não têm a oportunidade de falar.

– E por que eles se importariam conosco? – indaguei.

– Porque eles são o reflexo do fracasso humano. E, ao mesmo tempo, são o elo das trevas que um ser humano deve respeitar e assumir que, quando atenta contra a Luz, terá esses e muitos outros cenários.

– O que é atentar contra a Luz, meu Senhor? No final, quão livres estamos diante da escuridão ou da Luz?

Então, Oklosish explicou:

– A Luz é projetada para a ascensão e tem suas regras. A escuridão é feita para a descensão e tem suas regras. Quando você quiser descer enquanto estiver na Luz, receberá o necessário para descer por não respeitar a natureza da Luz. Por outro lado, quando você quiser subir estando nas trevas, faremos o necessário para que compreenda que aqui as regras são diferentes, e subir custa. Esta é a base da compreensão, tanto da Luz quanto da escuridão.

– Isso é muito revelador, meu Senhor, nunca havia enxergado dessa maneira – eu disse, surpreso.

– Agora que está bem claro para você, a próxima pergunta seria: de que lado você está?

– Do lado das trevas, é claro! – exclamei.

– Então, todo esse conhecimento e sabedoria servirão aos seres da Luz para respeitar e valorizar mais o alto. E darão aos do embaixo a sabedoria necessária para preservar a escuridão que eles carregam dentro de si.

– É uma faca de dois gumes – comentei.

– Minhas palavras são feitas de duas pontas, uma que corta a escuridão e outra que apaga a Luz. Mas é sua consciência que escolherá a ponta que melhor lhe convier – concordou Oklosish.

– Você é sábio demais para ser das trevas!

– Não confunda! Ou na próxima frase estúpida que disser deixarei você sem língua por um tempo. A escuridão é sábia, é inteligente, é ordenada. A Luz fala do caos aqui, mas tudo obedece a um desígnio de tornar as trevas algo maior que a Luz. Na devassidão de algumas consciências, alguns cometem um dos abusos de poder, sufocando a Luz a ponto de criar desequilíbrios nesses lugares. O alto promoverá sua evolução em sua forma e estilo, e isso está correto. Mas aqui no embaixo também há uma evolução negativa. Quando você fala que a evolução é somente para o alto, está apenas vendo que a criação é feita de Luz, e isso está completamente errado. O problema é quando alguns colegas da escuridão lançam o ódio maior contra esse tipo de falsa divulgação da Luz. Sua natureza pode nascer no útero sagrado do inominável, mas seu caminho evolutivo pode ser completamente escuro. Quando o Senhor da Escuridão desceu, ele não o fez por vontade própria, foi uma imposição do Inominável que lhe atribuiu um papel, missão e responsabilidade. Quando ele chegou, a própria humanidade começou a escolher, com suas decisões, de que lado estava. Alguns ficaram aqui para sempre, outros continuaram seu caminho para o alto. Então, cada um realiza sua missão de acordo com a natureza do que carrega. Agora, como descobrir essa natureza somente será possível com sua própria vida e suas próprias escolhas. Às vezes, haverá uma vasta escuridão na vida de uma pessoa iluminada, e outras haverá uma grande luminosidade da eternidade na vida de um escravo... Como você neste caso! – explicou longamente Oklosish.

– Essa é a coisa mais reveladora que pude ouvir, atribuiu-me uma perspectiva completamente diferente sobre o que realmente quero e sou. A sabedoria das trevas é incrível. Meu respeito e eterna devoção à sua sabedoria, meu Senhor Oklosish! – reverenciei novamente.

– Agora você pode provar a escuridão de maneira diferente, mas isso não significa que o sofrimento não o leve a odiar o alto, a mim ou ao Senhor da Escuridão. Esse é o problema de conviver em um lugar assim. A sabedoria é descanso, mas aqui o descanso é muito escasso. Essa foi uma oportunidade antes da sua viagem!

– Viagem? Para onde eu iria, meu Senhor, se acabei de chegar?! – fiquei tomado de surpresa.

– O domínio é tão extenso que há muito a se aprender. Você ainda está no início – Oklosish respondeu.

– Entendo. Então estou à sua disposição, amado mestre! – concordei.

– Não me ame, porque isso é um sentimento do alto.

– Ou seja, o amor não existe aqui?

– O que existe é a parte executora do amor negativo.

– Em outras palavras, luxúria, ódio, traição… – completei.

– Algo semelhante, escravo – Oklosish concordou. – Agora, vamos parar de conversar e ir ao encontro do Senhor Serpente Negra.

– Por acaso não é você? – perguntei.

– Eu também sou, mas não sou eu quem rege este reino – finalizou.

******

E começamos a caminhada lenta, escura e com muita pressão no meu peito. Parecia haver menos formas humanas do que o habitual. As paredes estavam repletas de serpentes negras que se moviam em várias direções. Todas respeitavam o processo de criar uma espécie de cúpula que ia até ao labirinto que nos levava ao lugar onde eu voltaria a ver o Senhor Serpente Negra.

À medida que avançávamos, ficava difícil para mim caminhar; havia uma força que me fazia querer rastejar. A certa altura, tive de parar, então, Oklosish me obrigou a rastejar, pois seria menos doloroso. Estávamos nos aproximando do centro energético do lugar.

Continuei rastejando e pude perceber murmúrios das serpentes. Eram gritos sussurrados, maldições, pedidos de perdão, arrependimentos... era realmente enlouquecedor. Tentei manter a cabeça erguida sem tocar o chão, porque fazia tempo que estava longe daquelas dores. Senti-me deslocado no tempo, pois ter sido escravo do Guardião Cobra-Coral havia aliviado um pouco o fardo de ouvir tantos lamentos, mas agora eu sabia que estava voltando à mesma situação.

Finalmente, chegamos a uma espécie de monte central, e no meio do lugar havia uma gigantesca serpente negra em posição como se fosse uma letra "S". Sobre ela estava o Guardião da Serpente Negra, com olhos e lábios negros e a pele completamente branca, com longos cabelos escuros, vestindo uma capa preta, de onde saíam cobras a todo instante.

Nesse momento, a grande serpente negra começa a mover o Guardião em nossa direção, mas não sem percorrer as paredes, rastejando por elas e deixando para trás buracos como janelas que se abriam para que aparecessem seres em estado de total demência, outros em pleno coito, ou agarrados às grades, desesperados para sair.

Todos eles emanavam seus desequilíbrios, os quais se materializavam como uma névoa que era sugada por um símbolo que jazia no ponto em que a cobra negra estava antes de sair. Em um piscar de olhos, notei os olhos da maior serpente negra que pude encontrar nas trevas.

Do alto daquela imensa cobra, o Guardião da Serpente Negra me encarou e disse:

– Você já voltou a ser escravo. Ainda se arrasta, mas logo estará de pé.

– Meu Senhor, agradeço ao Senhor da Escuridão por esta oportunidade, e a você por me dar um lugar em seu domínio sombrio – retribuí.

– O Senhor da Escuridão está esperando para vê-lo fora deste domínio, escravo. Há muitos esperando por você lá fora, para reduzi-lo ao pó das trevas – Serpente Negra respondeu.

– Por acaso, traí todo mundo completamente? – indaguei receoso com a resposta.

– Não, você só viu coisas que este reino possui, as quais permitirão a eles saber melhor como nos derrubar e nos possuir.

– Mas meu silêncio é uma sepultura, meu Senhor – respondi.

– Não, seu silêncio é o veneno de uma cobra que está pronta para atacar.

– Não entendo... – insisti.

– Você pode se comportar como uma serpente, mas sua essência é a de uma cobra.

– Qual a diferença, meu Senhor?

– As serpentes atacam, mas elas não injetam as influências das trevas em sua consciência. As cobras assim o fazem.

– Em outras palavras, uma serpente é mais benevolente que uma cobra? – perguntei, tentando entender.

– Não! As cobras são usadas pelo Senhor da Escuridão para espalhar seu veneno de ódio. As cobras espalham o medo para as trevas, permitindo que recebam as energias desequilibradas das vítimas.

– Ou seja, este domínio é um gerador de medo?

– Este domínio é a geração do medo para a transformação. No final de um ciclo, no início de algo diferente, em doenças e agonias, nos minutos e segundos sombrios que envolvem as consciências que estão prestes a mudar de estado; no domínio ou reino, no sexo oculto e violento, no desejo reprimido e em muitas outras situações.

– Então, meu Senhor, há muito trabalho a fazer. Deixe-me fazer parte desse domínio – pedi.

– Veremos isso em suas batalhas, que provarão de que lado você está! – Serpente Negra me desafiou.

– Mas estou do seu lado, meu Senhor! – falei com força.

– Não, escravo... Ou você será uma serpente trabalhando para o alto, ou será uma cobra trabalhando para o embaixo – Serpente Negra enfatizou.

– O que não entendo é por que você carrega uma cobra dentro do domínio de uma serpente.

– Porque ambas as formas estão unidas no trabalho da Lei Maior e da Lei das Trevas – Serpente Negra explicou.

– Existem mais de duas leis?

– Não, existem polaridades em uma única Lei Sagrada.

– O Sagrado pode se aplicar a um lugar sombrio?

– Tudo na criação tem um contrapeso. Neste caso, o sagrado esconde o corrupto, o corruptível, o traiçoeiro, o enganador. Então, existe uma lei que pode regular o sombrio. A Luz pode pregar que no embaixo não há leis, mas aqui elas são governadas pelo poder. É esse poder maior que determina o movimento das massas escravas menores. A partir do poder maior das trevas, nascem os poderes das trevas menores que são apenas fantoches do poder maior. Esses poderes menores estão em constante movimento, absorvendo, anulando, transformando, paralisando, enfrentando, conquistando e renovando outros poderes. Quanto mais poderes menores se juntam, mais eles se unem ao desígnio do Poder Maior, que, finalmente, com sua implacabilidade, dita a evolução das consciências fazem das trevas o que são.

– Quantos ensinamentos encontrei em tão pouco tempo, neste lugar! – exclamei.

– Isso só é revelado conforme o que você deve fazer na faixa neutra, quando for a sua vez de revelar.

– Entendo. Mas, Senhor, este domínio é um poder menor?

– Nas trevas, há lugares que respondem à Lei Maior, que são como garantias do alto de que o embaixo não deixa o esquema da criação.

– Em outras palavras, as trevas também têm um espaço no alto, para que a Lei das Trevas esteja ciente do que a Lei Maior faz?

– Para esta situação, estamos nós, os Guardiões da Lei Maior, que também trabalham para a Lei das Trevas.

– Quer dizer que vocês podem fazer o mal?

– Não se trata de fazer o mal, mas de colocar pesos na balança.

– Um mal pode ser um bem?

– Exatamente. O mal tem o mesmo peso que o bem; quando o bem é excessivo, falha em aprender o que o mal traz como conhecimento. Quando o mal tem maior peso, o bem falha em conseguir emplacar os ensinamentos da Luz.

– Vocês regulam esses pesos?

– É isso mesmo, nós removemos ou adicionamos esse equilíbrio.

– Quando o senhor diz "nós", refere-se aos Guardiões e...

– Vocês escravos bem sabem que existem consciências femininas, além das masculinas.

– Compreendo, meu Senhor. Portanto, você também luta com o que extravasa esse peso correspondente à escuridão.

Existem seres que entraram em fanatismo por causa das trevas e decidiram responder apenas ao Senhor da Escuridão. Esses seres querem apenas extinguir a Luz de qualquer consciência e da própria criação.

– Eu sou um desses seres?

– Se você fosse, estaria atrás das grades nessas prisões que vê nas paredes.

– Todos eles foram fanatizados pela escuridão?

– Eles são seres fanáticos por suas obscuridades.

– Em outras palavras, cada um carrega sua própria escuridão?

– Não, à medida que a Luz avança, sua consciência pode projetar uma sombra nas suas decisões. O sol não lhe dá Luz na frente e você projeta sombras atrás de si mesmo?

– Não vejo o sol há muito tempo, meu Senhor! – lamentei.

– Porque sua missão está nas sombras agora – Serpente Negra respondeu.

– Quando aqueles seres sairão dessas prisões?

– Quando o peso de suas obscuridades estiver menor.

– Isso pode levar muito tempo?

– Talvez toda a eternidade.

– Coloco-me à disposição, com o desejo de servir aos Guardiões da Lei Maior nas trevas.
– Veremos, escravo. Seu desafio estará fora do meu reino. Você deve provar que seu peso trevoso é menor do que o que tinha quando o capturamos. Você não saberá até viver nas obscuridades alheias.
– Quero dizer, posso cair!? – perguntei, intrigado.
– Você pode fracassar sob o peso de outras obscuridades que podem usar a sua para ficarem ainda maiores.
– Isso é o que o senhor quis dizer sobre os poderes menores que absorvem poderes menores.
– Correto – concordou Serpente Negra.
– Portanto, peço a proteção necessária, meu Senhor, para executar o que a Lei Maior exige.
– Você ainda não está em posição de responder nem à Lei Maior, nem à Lei das Trevas – repreendeu Serpente Negra.
– Então, para quem vou responder? – perguntei, confuso.
– Para o Poder Maior que eu sou! – exclamou Serpente Negra.
– Mas você responde à Lei Maior, meu Senhor, então eu farei isso!
– Eu respondo a ambas as leis, minha liberdade me permite criar o mapa da evolução que eu quero para mim.
– Ou seja, podemos fazer o mal?
– Podemos executar o que é necessário para encontrar o equilíbrio de peso das obscuridades.
– Então – completei determinado –, eu serei um instrumento do Poder Maior que é você, e me posicionarei como um poder menor para executar o equilíbrio do peso das obscuridades das consciências e de lugares que visitarei em nome do Poder Maior, que é meu Senhor Serpente Negra.

– Assim será, porém não apenas o Mistério da Serpente Negra, mas também a Cobra Negra – acrescentou Serpente Negra.

Então, indaguei em tom afirmativo:

– Porque é o veneno que permite que a Lei das Trevas seja aplicada em outras consciências?

– Sim, escravo – concordou Serpente Negra. Esse veneno faz a diferença entre os dois Mistérios.

– Então, o veneno transforma o que resta da Luz em trevas?

– No caso de Cobra Negra, sim.

– Existem outras cobras.

– Você deixou o domínio do meu companheiro Cobra-Coral.

– Sim, mas não aprendi muito com o Senhor.

– Porque você não estava em posição de aprender e porque não estava carregando o Mistério disso.

– Então, eu carrego o Mistério da Serpente Negra.

– Carregar é uma coisa, ativar é outra.

– Eu possuo, mas não está ativo.

– É verdade. Mas você pode ativar seu uso diante da Lei Maior ou da Lei das Trevas.

– Como eu escolho isso?

– Você não escolhe, mas, sim, vive, vibra, e o próprio caminho de suas decisões o leva a tomar uma das duas leis.

– Pois diante de você, amado Senhor, só posso pedir que a Lei Maior me conduza.

– Basta que você permaneça calado, porque suas intenções são como uma caverna onde você clama por outros desejos.

– Isso quer dizer que vocês, os Senhores Guardiões, podem entrar na caverna interna que possuo?

– Claro, escravo, não se faça de desentendido para tentar fazer-me falar. Seus olhos são a entrada para aquelas cavernas.

Agora silencie que ficaremos sem falar novamente por muito tempo.
– Sim, Senhor!

******

Saímos daquele ponto central, onde todos os caminhos se encontravam, e seguimos em direção a uma das muitas portas que pareciam levar a algum lugar. A coisa mais marcante sobre essa passagem para outro ambiente não eram vestígios de serpentes, mas o fato de que nas paredes havia olhos distribuídos por todos os lugares, alguns chorando, outros completamente vermelhos, outros ainda com tanta energia acumulada no olhar que eu não conseguia direcionar meu olhar diretamente para eles.

Consequentemente, comecei a adormecer, mas continuei caminhando com o Guardião. Finalmente, chegamos a uma espécie de caverna que tinha cinco portas abertas no chão, como se fossem porões. De todas era lançada uma espécie de fumaça negra, e novamente isso me levou ter uma sensação avassaladora de desespero. O que estava naquele lugar já vinha de muito tempo atrás.

– Estas são as valas das concentrações, escravo. Aqui há escravos sofrendo desde milênios atrás, e eles foram acumulando todos os tipos de sentimentos negativos que foram retidos neste espaço. É uma cúpula subterrânea que acumula energias negativas condensadas, as quais, se usadas em um só lugar, podem atingir a exaustão total da Luz.

– Fiquei em êxtase com isso, meu Senhor, mas por que viemos aqui?

– Porque você experimentará a densificação do seu Mistério!

– Mas, Senhor! Eles não podem fazer isso comigo! Eu não quero cair em um lugar mais escuro que esse em que vibro e sou! – eu disse desesperadamente tentando fugir, mas minhas pernas estavam enterradas naquele lugar.

– Eu não estou lá para convencê-lo, escravo. Entre!

– Mas, Senhor! – era tarde. Fui jogado pelo ar, como se fosse um cadáver esquecido da escuridão.

Várias mãos começaram a me tocar, puxavam meus genitais e enfiavam seus dedos fétidos na minha boca. Eles eram como cegos tentando entender a forma, mas eu não era cego. Eu estava caindo sem entender o quão profundo era aquele lugar, apenas sentia a escuridão, o mau cheiro e o desespero de todas as consciências que me viam como alguém com mais luz que elas. Eu me perguntava se realmente ainda havia alguma luz em mim. Também me questionava sobre minha realidade entrando em outra realidade.

Quanto ódio senti novamente por aquele maldito Guardião que me capturou, ao que me trouxe aqui, a todos. Como eu odiava esse lixo de lugar onde meteram a mim e todos os seres sofredores desse maldito porão das trevas. Comecei a transformar minha paz de espírito no maior desequilíbrio que já havia sentido, e o ódio me revestiu com a forma desses escravos. Finalmente senti o chão, era hora de pisar na terra, ou no fundo. Enfim, pararam de me atacar e eu comecei uma longa caminhada no escuro.

Não me lembro o quanto caminhei. Era um trajeto longo, não tinha fim; não sei se andava em círculos, nem se estava andando realmente ou se tudo era uma ilusão. Depois do ódio que me ajudou a pisar no chão, a loucura me deu uma bússola. Aparentemente havia muitas consciências envelhecidas nessa cúpula. Eu via os rostos idosos de muitos seres, que misturavam senilidade e malformação.

Minha visão já havia se adaptado ao lugar, e tudo estava mais claro, embora sempre na penumbra. Havia seres de diferentes épocas, alguns dos quais eu tinha em terra, mas outros muito antes. Aquele local era um edifício no esquecimento do reino em que me encontrava. Mas a grande questão era: como sair dali?

Foi quando uma voz me advertiu:

– Não pense tanto no escuro – era um ser jovem e bem vestido.

– Você é uma ilusão ou é realmente uma exceção neste lugar? – perguntei, com desconfiança.

– Eu sou a exceção deste lugar que não entra na frequência desses sonâmbulos de conformidade – ele respondeu de maneira sóbria.

– Mais do que conformistas, são escravos das trevas que não se libertam – completei.

– Sempre tão poético, Wither.

– Como você me conhece? – indaguei.

– Isso importa?

– Se você não se identificar da melhor maneira, deixe-me percorrer este lugar porque não estou com a menor vontade de brigar – eu disse aborrecido.

– Acalme-se, ou melhor, relaxe – o jovem ser tentou apaziguar meu ânimo.

– Você é um ser de luz? – perguntei.

– Sou tão tenebroso que me deleito no mais sombrio – ele respondeu.

– Mas está preso em uma cúpula, então você é tão escravo quanto eu.

– Sim, estamos detidos no mesmo lugar, mas isso não significa que você não possa criar fissuras na consciência destes escravos, a fim de viajar ao passado através deles – ele explicou.

– Então, o que você faz é capturar o passado dos que estão aqui.
– Em parte, o que você diz está certo – concordou o ser. – Meu nome é Alsutik – ele, enfim, se apresentou.
– Alsutik, muito prazer – retribuí. – Há quanto tempo você é escravo?
– Se meus pensamentos não se perderam no delírio de viver a vida de outras pessoas, acho que mais de cem anos se passaram.
– Cem anos reais? – perguntei.
– Não, cem anos ao ritmo das trevas.
– Então, você envelheceu igual a essas consciências?
– Sim, mas não aceitei essa realidade porque ela depende da vibração que vivenciei durante minha permanência nesta cúpula de concentração.
– Por que o Guardião o chama de cúpula da concentração?
– Porque aqui você é livre para concentrar ódio, raiva, vingança, desejo, tristeza e muitos outros sentimentos. O que você sente, você se torna.
– Ou seja, aqui existem seres deformados, cheios de ódios e punidores? – indaguei.
– Sim. Há muitos, só que não ficam quietos. Permanecer zangados e violentos os leva a estar sempre em movimento.
– Vejo que estarei aqui por um longo tempo! – exclamei, irônico.
– Isso depende – Alsutik respondeu.
– De mim?
– Do que você deve acordar ou fazer adormecer.
– Ainda tenho muito a descobrir. Por enquanto, apenas sinto ódio e raiva.
– É melhor você voltar sua atenção para o banquete de vidas passadas no local – aconselhou Alsutik.

– Hahaha! Você sabe como tirar proveito da situação – ironizei de novo.

– Eu me tornei *habitué* desta casa – Alsutik respondeu com sarcasmo.

– Você se tornou um usurpador de vidas – eu disse com raiva.

– Deixe a agressividade de lado e resigne-se para apreciar algo de que nunca poderá se livrar.

– Esta não é a minha realidade, Alsutik.

– É tão sua que, se você não abraçá-la de vez em quando, acabará a demência do conformismo.

– Vamos lá, mostre-me como você se delicia no seu banquete! – disse com muito interesse.

Então, Alsutik e eu nos pusemos a caminhar por aquele lugar observando atentamente o comportamento dos escravos. Vários deles batiam seus rostos contra o solo de forma brutal; outros sugavam o próprio líquido vital e se debilitavam; alguns, porém, estavam chorando desesperadamente.

Fiquei particularmente atraído por uma mulher, que enfiava bruscamente as mãos em suas partes íntimas, como se estivesse procurando algo. Por isso, pedi a Alsutik que parássemos para analisá-la. Ele se posicionou diante dela e, respirando lentamente enquanto se curvava sobre seu corpo, fez saírem de sua boca dois fios que se conectavam à consciência dela e à minha.

Fiquei instantaneamente ciente da situação em que sua mente ficou paralisada. Em uma vestimenta que aparentava ser de uma guerreira, eu a vi lutar contra vários homens que queriam abusá-la. Percebi como ela tinha ódio em seus olhos enquanto os degolava sem piedade. Ela também enganou muitos outros com quem teve relação sexual cortando seus pescoços enquanto estavam excitados.

O número de vítimas da mulher tirana era extenso. Porém, um grupo de dez homens se reuniu para acabar com essa situação. Eles a chamavam de "a bárbara sedutora" – por quem você não podia jamais se apaixonar, muito menos sentir atração, pois do contrário, era morte certa.

Sua ruptura com a paz definitivamente determinou esses homens a encurralarem-na, segurando-a pelos braços para estuprá-la de maneira brutal e implacável. Depois que cada um terminou seu próprio ato, um deles penetrou em suas partes íntimas uma espécie de ouriço, que a fez gritar de dor, enquanto outros desferiam nela vários golpes pelo corpo, até finalmente receber o corte fatal no pescoço.

Quando caiu desfalecida e seu espírito se desprendeu do corpo, um redemoinho o envolveu e a mulher veio parar neste lugar, onde sua traição, ódio, desejo de vingança e desequilíbrio sexual se concentraram para levá-la a tal estado de insanidade do qual ela não consegue escapar. Alsutik desconectou os cordões, inalando-os para dentro de seu corpo. Ao ficar novamente na postura ereta, olhou-me com um rosto cheio de expectativa e me perguntou:

– Você percebeu por que eu gosto deste lugar?

– Você tem motivos suficientes para não sentir que está perdendo tempo, Alsutik! – respondi em tom de sarcasmo.

– Isso mesmo, afinal, cada um traz uma história incrível.

– A questão é: você faz essa pessoa se tornar uma escrava sua? – perguntei sério.

– É necessário ter escravos, sendo escravos? – ele devolveu. Então, analisei a situação:

– É uma moeda de valor duplo. Por um lado, você a liberta condicionalmente de sua prisão; por outro, junta-a à sua lista de guerreiros das trevas.

— Sua maneira de pensar é muito ambiciosa – concordou Alsutik com um leve sorriso.

— Não se trata de ambição, mas de escalar degraus ainda mais inferiores. Descer o quanto seja possível, para alcançar nosso eterno Senhor da Escuridão – eu também sorri.

— Prefiro continuar procurando outras vidas que me permitam aproveitar a minha estadia neste lugar.

— Cem anos não são uma estadia, e sim uma perda de tempo por não ter transformado esse canto aqui em um grupo de soldados das trevas que rompam com tudo isso! – respondi, indignado.

— Mas é difícil sair do domínio da Serpente Negra – Alsutik conformou-se.

— Só que como você pensa em sair, deve se aliar, aliviar seu domínio, colocando uma ordem negativa nesse caos negativo.

— Faça você mesmo, testemunharei sua vitória – Alsutik desdenhou.

— Deixe-me mostrar uma coisa que aprendi como escravo – prossegui.

Posicionei-me sobre a escrava e apontei minhas mãos para sua genitália. Delas saíram filamentos negros que se juntavam àquela espécie de ouriço escuro que a carcomia por dentro. Nesse momento eu já estava em outra realidade paralela àquela onde Alsutik e eu estávamos. Ele se juntou a mim nessa "viagem" ao colocar sua mão no meu ombro esquerdo, a fim de também entrar em conexão com o passado da mulher. Vimos que ela havia feito um acordo com uma antiga deusa dos mares, entregando-lhe sangue de seu ciclo menstrual em noite de Lua Minguante, como uma oferenda de poder que a uniu a essa divindade em sua parte negativa.

A partir daquele momento, seu magnetismo de mulher aumentou a sedução e propiciou que ela capturasse vários homens que se renderam à tentação de seu corpo. A retribuição em troca do poder que ela deveria fazer era dar a própria vida do homem, oferecida diretamente à deusa do mar sombrio.

O ouriço começou a tomar forma perto do fim de sua vida na Terra, o que aparentemente parecia um tumor com espinhos. Para acessar a parte profunda desse objeto negativo, mergulhei em sua parte interior, que me levou a um domínio completamente espinhoso, onde pude ver vários corpos pregados e clamando por ajuda para libertarem-se daqueles espinhos gigantescos.

Era impossível identificar a quantidade de corpos. Alguns permaneciam unidos e plenos, como se estivessem apreciando uma mistura de prazer e dor. Olhando mais adiante havia uma mulher atraente, de envolvente pele morena, completamente nua, com uma coroa de espinhos na cabeça. No centro da coroa reluzia uma pedra negra. Seus olhos eram da cor vermelha e o cheiro de sua pele me atraía para seu corpo como um convite inevitável a tocá-lo.

– O que faz um escravo em meus domínios? – a mulher indagou.

– Minha Senhora, eu me curvo diante de seus Mistérios e ante ao seu maravilhoso corpo! – fiz uma reverência.

– Não quero você encurvado aqui, quero você ereto para a eternidade, ahahah! – ela gargalhou.

– Seu prazer é meu prazer, mas não venho por esse motivo.

– Então que porta trouxe você até aqui? – surpreendeu-se o ser feminino.

– Estou como escravo nos domínios da Serpente Negra, e estamos aprisionados na cúpula da concentração. Ali, encontrei uma escrava que carregava uma espécie de ouriço em suas genitálias, o qual a estava atormentando. Então, consegui entrar em seu corpo por ali e agora estou diante da Senhora. Não estou com ânimo de libertá-la, mas, sim, de possuí-la como escrava – expliquei.

– Então, quer ter uma escrava para você, sendo escravo de um ser que o possui em seu Mistério. Por acaso, é um demente que escapou da cúpula? – irritou-se a mulher.

– Minha amada Senhora, só desejo aproveitar minha habilidade de entrar em objetos e consciências para poder viajar no tempo – respondi sem me alterar.

– Pode ficar com essa maldita, assim me faz um favor. Mas você não me serve desse jeito, quero você por inteiro aqui em meu domínio – ela me intimou.

– Ficarei encantado em servi-la para o que for necessário, mas ainda assim é um prazer fazer o mal – respondi serenamente.

– Poderá fazer muito mal se souber acessar o campo negativo do mar.

– Como assim, minha Senhora? – eu quis saber mais.

– O aspecto negativo do mar traz mais esterilidade, apatia e desejo de morte do que a própria vida.

– Vejo o que posso fazer para estar presente em seu domínio, mas como posso me conectar a seu Mistério negativo? – perguntei.

– Chame-me de Ulasilash. Eu sou uma feiticeira na Terra, e é lá que vamos trabalhar.

– Vou tentar negociar com meu Senhor Serpente Negra – me prontifiquei.

– Com a Lei Maior, não há negociação, mas, como você ainda não está banhado por ela, pode continuar praticando o mal – ela disse.

– Banhado pela Lei Maior? – não entendi o que ela quis dizer.

– Sim, uma vez que você se posiciona como instrumento do bem, o mal não pode ser aplicado injustamente.

– Então, eu posso praticar o mal de maneira justa – concluí.

– Você não pratica o mal, apenas executa sua própria lei, e isso pode ser visto como injusto, mas a Justiça Divina é injusta para alguns e justa para outros, tudo depende de qual lado da balança você está.

– Sabedoria interessante, minha Senhora, e de que lado você está? – perguntei com curiosidade.

– Do lado da Justiça das minhas decisões, e odeio prestar contas a outras consciências, só respondo ao Senhor da Escuridão.

– Em outras palavras, você está diretamente conectada ao Senhor da Escuridão? – eu quis saber mais.

– Não, mas não posso revelar o nome de quem é meu dono e ordena meu Mistério.

– Então, existem Mistérios negativos à disposição do Senhor da Escuridão?

– Existem muitos Mistérios negativos que estão fora do alcance da Lei Maior do Alto, porque o embaixo está preparado para ser autônomo e livre do alto.

– Eu nunca enxerguei dessa maneira, mas agora não posso me livrar da Lei Maior, porque sou prisioneiro de um executor dela – comentei, refletindo sobre o futuro.

– É isso mesmo – concordou a mulher –, mas a Alta Lei vai ver se você é útil ou não, no final, aqui no embaixo, estamos acostumados a quebrá-la para criar as exceções que se transformam em nossa libertinagem de tornar o mundo da Luz algo sombrio ou acolhedor aos que realmente merecem.

– Sinto em suas palavras o ódio necessário para continuar colhendo o necessário para que a escuridão reine, porque a reparação de uma consciência é mais profunda através de sua própria dor.

Nesse momento, tudo escureceu e em segundos eu estava novamente com Alsutik, dentro da cúpula da concentração.
— Isso foi muito intenso, Wither! — disse Alsutik, suspirando.
— Sim, companheiro. Mas ela não viu você porque eu o cobri completamente, ela só podia escutá-lo.
— Como faz isso? — Alsutik perguntou.
— Você diz voltar ao tempo passado e desdobrar minha consciência em um presente paralelo? — perguntei.
— Exato! — Alsutik concordou.
— Só sei que consigo, mas não sei de onde vem essa força — respondi.
— Acredito que seja o Mistério que você carrega! — Alsutik supôs.
— Que Mistério?
— Ora, o da Serpente Negra! — exclamou Alsutik.
— Ainda não me sinto desperto, mas se possuir esse Mistério, eu me entregarei a ele. Enquanto isso, continuarei aperfeiçoando todas as habilidades para praticar o mal ou aplicar o mal na justiça da minha vontade, com a lei do meu destino — eu disse resiliente.
— Parece muito ilusório, mas que diferença faz, estamos na ilusão de liberdade! — Alsutik riu.
— Isso não é ilusão, é a pura realidade do nosso destino, somos escravos! — devolvi, rindo também.
— Não somos mais escravos, Wither, estamos concentrando nossas habilidades.
— Como assim? — fiquei surpreso.
— Verdade. Você praticou algo que sabe. Eu fiz o mesmo, agora posso dizer ao Senhor que você está preparado para abrir caminho para seus domínios.
— Então, você me enganou! — respondi irritado.

– Não. Apenas testei você.

Assim que disse isso, Alustik se distanciou de mim e, ajoelhando-se, ergueu os braços, pedindo mentalmente a presença do Guardião da Serpente Negra. Instantaneamente ele apareceu, com uma vibração que era evidente em seus passos e seu olhar. Ele olhou nos meus olhos fixamente, andando em círculos, enquanto vários escravos se aproximavam lentamente, com medo e devoção dissimulada no seu caminhar.

– Você pode acessar a atemporalidade dos escravos porque meu Mistério permite que você faça isso – disse sobriamente Serpente Negra.

– Seu Mistério, meu Senhor? Por acaso, sou portador da Serpente Negra? – perguntei atônito.

– Você é, mas isso significa que você deve abandonar o desejo de fazer o mal aos demais, injustificadamente – Serpente Negra respondeu.

– Posso fazer mal justificando minhas ações? – indaguei.

– Você pode executar o equilíbrio da Justiça Divina, que consegue lhe oferecer a liberdade reparadora.

– Como um servo da Serpente Negra?

– Sim.

– E mesmo com seu sinal, meu Senhor, poderei acessar outros domínios fora da Lei Sagrada?

– Não, você não pode mais fazer isso – negou Serpente Negra.

– Então você pode me libertar sem ativar completamente seu Mistério, na minha vida... – supus.

– É uma alternativa, mas você não ganhou minha confiança – respondeu Serpente Negra.

– Posso fazê-lo por meio dos trabalhos que o Senhor me peça. No final, deixando este domínio, sei que corro o risco de cair no domínio de seres que respondem ao Senhor da Escuridão.

– Você poderá sair, mas minhas cobras e serpentes negras sempre o acompanharão.
– Em outras palavras, contarei com sua proteção! – respondi, confiante.
– Não. Contará com a minha vigilância. Se ultrapassar a linha dos meus domínios para fazer males desnecessários, meus répteis cravarão o veneno do retrocesso em sua consciência, e você já não poderá recuperar seus dons e memórias. Você se esquecerá de quem é e será reduzido a uma serpente dominada pelos próprios instintos – Serpente Negra me ameaçou.
– Juro diante de seu Mistério, Senhor, que não causarei nenhum mal desnecessário – eu disse sentindo um grande medo, por conta das palavras de advertência de Serpente Negra.
– Estamos de acordo. A primeira coisa que fará será ir aos domínios daquela Guardiã que encontrou quando você se meteu no passado daquela escrava.
– Posso molestar essa Guardiã negativa? – perguntei.
– Pode fazer com ela tudo o que desejar, só preciso que retire a pedra que ela guarda em seus domínios – ordenou Serpente Negra.
– Em que lugar? – perguntei.
– Dentro dela, em sua genitália.
– Mas como isso vai ser possível? – eu estava cada vez mais confuso.
– Dá mesma forma que penetra para o prazer, penetrará para o resgate – Serpente Negra simplificou a situação.
– Se essa é a primeira prova que o Senhor me propõe, imagino que nada será fácil.
– O que é fácil nas trevas, Wither? Fácil seria ser escravo e não avançar rumo à sua liberdade. Fácil seria conformar-se com o lamento, o castigo e a dor. Fácil será fazer sua sobrevivência depender de outras consciências. O mesmo conformismo na

Terra os escravos trazem para cá, com isso continuam sendo escravos de si mesmos e de seus possuidores. Por esse motivo, as trevas estão cheias de seres que não fazem nada para evoluir. Se já foram capturados pelo peso da escuridão estagnada, eles a abraçam silenciosamente, esperando sua vida na Terra cessar, para continuar sua lenta evolução nas trevas, a qual é travestida de céu para alguns – Serpente Negra explicou.

– Tremenda sabedoria, meu Senhor – respondi pensativo. – Jamais pensei que o conformismo fosse uma praga na humanidade.

– O conformismo é o aroma das trevas, o jardim da ingratidão. Se você se conforma com o que é, tem e vive, sem desejar avançar nem menos um passo, e vive culpando ao externo por suas desgraças acumuladas, somente estará alimentando um jardim de falsa liberdade – continuou Serpente Negra.

– Isso quer dizer que se conformar é uma falsa liberdade.

– Conformar-se é estar atado à escravidão condicionada.

– Escravidão condicionada? – não entendi o que isso significava.

– Sim, você é livre, mas até o ponto do que sua mente entende pelo significado de ser livre. Onde seu conhecimento termina, sua ignorância começa a levá-lo à libertinagem de corromper o verdadeiro valor de sua evolução.

– Obrigado pela sabedoria, meu Senhor – agradeci, honrado com as palavras de Serpente Negra.

– Agora se afaste desta prisão e eleve seu olhar ao alto. Feche os olhos – ordenou Serpente Negra.

Ao fechar os olhos, fui transportado para a superfície onde estava tempos atrás, consciente do poder que me vigiava. Chegara a hora de levar minha liberdade condicionada ao Mistério que me dava a oportunidade de ser digno do que carregava.

No fim, a própria lei que eu ainda não conhecia em sua magnitude me mostrou um caminho alternativo que nunca pensei como opção de viver para servir às trevas, fazendo algo que meu ser pedia – causar o mal focado em devolver à sua origem elementos e consciências.

Visualizando-me nas entradas do domínio, concentrei toda a minha atenção naquele espaço, o qual havia acessado atemporalmente. Agora, era hora de entrar no tempo presente onde estava a Guardiã de um dos Mistérios negativos. Usando símbolos que nasciam de dentro de mim a partir de meus movimentos dos braços e mãos, consegui abrir um portal na Terra. O vento frio e nauseante me convidou a entrar naquele lugar. Então, saltei dentro do portal e fui parar em uma parte profunda do domínio. Sem saber o que me esperava, ali começava um novo estágio no meu caminho evolutivo nas trevas.

******

Capítulo 2

Nos Domínios da Feiticeira Ulasilash

Quando abri os olhos, uma mulher estava diante de uma grande porta negra, cuja silhueta era iluminada por algumas velas acesas em frente a ela. Sem precisar empurrar, a porta se abriu para que eu atravessasse lentamente enquanto saudava as Guardiãs que ali estavam. Caminhei com passos lentos, porém firmes, e percebi que as pesadas portas fecharam-se às minhas costas. As paredes pegajosas com sangue escorrendo indicavam que aquele lugar era pesado, mas eu confiava na minha escuridão. Ela estava no final do corredor, nua, de pernas abertas, com um brilho diferente nas genitálias.

Ao me enxergar, a mulher ordenou com um sorriso sarcástico:

– Adiante, escravo de outro Mistério. Eu estava esperando por você.

– Sabia que eu estava chegando, Senhora? – perguntei.

– Sim, sabia desde o momento que você riscou um ponto em um domínio que não posso ver.

– Realmente, não tenho ideia de como consegui saber os símbolos ativadores de seu domínio – eu disse com sinceridade.

– Porque eu os incrustei no seu inconsciente que chamou você à curiosidade do que guardo.

– Então, a Senhora sabe por que estou aqui? – fiquei surpreso.

– Sei que é o que atrai você, mas, como é algo sombrio, pode ter uma dupla finalidade – respondeu Ulasilash.

– Venho porque a Senhora é muito atraente e sinto que posso lhe dar algo que lhe interesse – eu disse de forma persuasiva.

– Então, eu posso lhe dar o prazer da minha atração, mas não sem antes que você cumpra um trabalho de proteção – ela disse. Eu não poderia menosprezar a inteligência de Ulasilash.

– Proteção? – quis saber o que ela queria dizer.

– Sim, vejo que você anda com cobras e serpentes, e estas servirão para proteger meus servos em terra – a mulher respondeu.

– Então, você quer minha proteção e não minha ação.

– Eu só quero sua reação, não sua ação.

– Então, eu sou todo seu – concordei.

– Ah, sim! Você é inteiramente meu, hahaha! Mas depende da força da sua proteção – Ulasilash deu uma gargalhada.

– Eu farei o meu melhor para que você conclua seu trabalho. Apenas me diga o que fazer – respondi seriamente.

– Na Terra, haverá um sacrifício de vários animais em meu nome, para que eu possa mover certas escravas em direção à separação de uma família, além de seguir um casal por caminhos diferentes, onde eles saborearão o corpo de outras pessoas.

– Cuidarei das suas servas que farão o trabalho – dei um leve sorriso sarcástico.

– Sim, apenas essas cobras respondem a você – Ulasilash disse.

– Sim, elas respondem ao que eu indico, seja para o bem, seja para o mal.

– Não desejo você para o mal aplicado, apenas para o mal protegido.
– O que é o "mal protegido"? – perguntei.
– Sim, no final, o mal também precisa de proteção.
– Certo, mal bem cuidado, é mal bem feito.
– Você está certo, Wither – Ulasilash concordou.
– Eu disponibilizo minha vigilância.
– Vamos até a fossa de ativação – Ulasilash ordenou.

Andamos lado a lado, a exuberante e sedutora Senhora Ulasilash e eu. Sua pele morena, seu perfume de rosas e seus lábios vermelhos me convidaram a possuí-la por inteiro. Mas, controlando meus instintos, concentrei minha atenção no que estava por vir. Chegamos a um edifício aberto, onde havia sete mulheres nuas, marcadas com sangue no rosto, seios e genitália. Todas me olhavam de forma insinuante, convidando-me a saboreá-las com os olhos.

– Aqui está um assistente muito especial, que fará o trabalho de guardar suas costas, em todos os sentidos, hahaha! – proferiu Ulasilash.

– Será um prazer tê-lo atrás de nós, minha Senhora, hahaha! – disse uma mulher voluptuosa que tinha os lábios pintados de negro e olhos de um azul intenso.

– Então, eu quero que vocês vão ao lugar onde sacrificarão os animais e outros elementos. Recolham a energia e transportem-na ao Dono da Fossa.

– Existe um Dono da Fossa? – eu perguntei surpreso a Ulasilash.

– É claro, Wither, as fossas energéticas respondem a seres que são ativados com agonia animal, adicionando a força que o sangue traz ao seu centro de energia. Apenas esse proprietário é inacessível.

– E como esse proprietário foi designado? – perguntei.

– Por acaso, importa que você saiba? – Ulasilash usou novamente de seu sarcasmo.

– Desculpe, minha Senhora, só desejo alcançar o conhecimento sombrio que carrega.

– No momento oportuno, você vai aprender.

– Que assim seja – finalizei.

As escravas me agarraram e me obrigaram a entrar no poço, que me absorveu como se fosse areia movediça. Um pouco temeroso, mentalmente me coloquei à disposição do Dono da Fossa. Inevitavelmente fui sendo absorvido por inteiro, até que senti uma grande falta de ar, mas, concentrado em minhas cobras e serpentes, comecei a respirar através delas.

Em seguida, fomos parar em uma casa antiga, onde estavam várias pessoas vestidas de preto. A dirigente estava em um transe profundo, unida a um fio escuro de uma das servas da Senhora das Sete Sombras. A pessoa em transe repetia todos os movimentos que eram enviados à sua consciência. Era uma cena de completa possessão.

Em seu estado de semiconsciência, começou o ritual de sacrifício animal. O sangue correu sobre um tacho que se transformava em um ser deformado – aparentemente era o Dono da Fossa. Sem forma humana e quase indescritível, começou a sugar a energia enegrecida de todos os participantes, bem como do que estava sendo ofertado.

Naquele instante, posicionei minhas cobras e serpentes ao redor da casa. Algumas delas saíram ao encontro de alguns seres de luz que vieram quebrar as defesas do lugar. Além de meus répteis, havia outros seres tenebrosos e disformes que, com ferramentas negativas, estavam absorvendo a luz desses guerreiros, desconhecidos para mim até aquele momento.

Algumas cobras foram partidas em pedaços com os ataques, mas, em um piscar de olhos, eu as multipliquei novamente, para que continuassem a desempenhar a função de contra-ataque. Finalmente, não sobraram muitos seres de luz, e eles deixaram o local. Voltei minha atenção para a fossa e, perdendo completamente o controle, comecei a me sentir atraído pelo dono que, como um ímã, me empurrou a profundidade tal que acabei perdendo parcialmente a consciência.

Nessa jornada sombria, vi filamentos negros que alimentavam algo muito pequeno, que se abria e se fechava como uma concha do mar enquanto consumia a energia acumulada naquela fossa. Apurando minha percepção, entrei em uma das conchas e fui parar em um lugar completamente escuro.

De repente, uma voz da escuridão irrompeu no ambiente:
– Que faz aqui?
– Quem está falando comigo? – perguntei reticente.
– O Dono da Fossa energética.
– Uma força desconhecida me arrastou até aqui.
– A escuridão trouxe você até aqui.
– Não foi um desejo meu – assim me defendi.
– Sua essência são as sombras, portanto, foi sugado para cá.
– E por que as escravas não? – questionei.
– Porque elas estão sujeitas ao Mistério que as resguarda.
– Mas eu não tenho um Mistério que me proteja?
– Não. Tem um Mistério que vigia seus passos.
– Compreendo. Mas qual é a função desta fossa?
– É a fonte que alimenta o domínio resguardado por essa consciência feminina.
– Em outras palavras, se esta fossa for eliminada, o domínio dela cairá?

– Sim, mas para eliminar a fossa é necessário encontrar a defesa que sustenta essa união.
– Como a pedra na genitália dela – concluí.
– Como você sabe sobre essa pedra? – surpreendeu-se o ser.
– Porque na minha atemporalidade eu pude ver – respondi.
– Agora, com mais um motivo, você já tem a resposta de por que está aqui.
– Pela minha atemporalidade – sussurrei.
– Sim, esta fonte é atemporal. Absorve nos tempos do passado e do presente, sem distinção.
– Mas eles responde a um mal executado.
– Responde a domínios fora do alcance da Lei.
– Ou seja, o sacrifício de animais é a fonte de energia que permite o acesso a essa fossa?
– Não, responde a tudo o que está fora da lei, desde uma energia sexual, vegetal, animal, humana. Tantas quanto as energias mencionadas anteriormente.
– Mas essas energias são absorvidas por vocês também? – indaguei.
– Não, elas respondem a fontes que operam em outro canal de energia.
– No final, essas energias são fontes...
– ... E as ações humanas as polarizam.
– Portanto, as fontes sexuais podem estar dentro da lei.
– A reprodução é uma fonte que responde à própria lei sagrada.
– Logo, também pode haver fontes vegetais que não respondem a essa lei sagrada.
– Claro.
– Então, no fim das contas, o mal opera por meio da ação humana? – concluí.

– É essa a faixa neutra que nos chama. Nós consumimos.
– Consomem tudo?
– Consumimos os excessos, os amalgamamos nesta fonte e os exteriorizamos até os domínios que farão o trabalho de usá-los para a finalidade determinada.
– Na prática, cumprir o mal solicitado pelo ser humano...
– ... Que, por sua vez, tem uma consequência que é novamente absorvida pelo domínio executor, o qual retorna a essa fonte o resultado do pedido.
– É um ciclo que nunca acaba – disse, confirmando meu entendimento.
– É o despertar de algo negativo que procura se alimentar indefinidamente.
– E como esses círculos são quebrados?
– Quando fontes de luz iguais enviam cortes de ação, interrompendo nossas funções.
– Mas, é difícil encontrá-los.
– Os ataques começam de fora, para chegar ao centro.
– Essa oportunidade é única! – exclamei.
– Sua atemporalidade me permite falar de um passado, agindo no presente e permitindo criar um futuro possível.
– Quer dizer, isso nunca acaba.
– A humanidade não termina com o mal. Nossa essência se alimenta disso.
– Por esse motivo, eu aborreço os humanos.
– O mesmo mal que você depositou em fontes semelhantes às nossas é depositado por outras consciências, para todo o sempre.
– O mal reinará.
– A Luz não vai descansar.
– Então, a guerra não vai cessar.

– A batalha é eterna.
– Assim como a evolução.
– Tanto acima quanto abaixo.
– Tanto dentro quanto fora.
– Correto, ser atemporal.
– Sou apenas, Wither... O respeitado Dono da Fossa energética.
– Então, você quer assumir o controle do domínio dessa consciência?
– Eu quero a pedra que ela carrega dentro de si.
– Fechar minhas ações?
– Para entregá-la ao meu Senhor.
– Serpente Negra?
– Exato.
– Bem, lide você com ela.
– Assim que eu voltar à realidade.
– O tempo na faixa neutra está paralisado enquanto você está aqui.
– O tempo presente para?
– Não, você atua na atemporalidade. O presente não congela, você simplesmente deixa de estar lá.
– Então, o presente não funciona?
– Não no tempo em que você já está aqui.
– Já transcorreu muito tempo?
– O suficiente para o primeiro segundo na faixa neutra ser cumprido.
– Estou surpreso.
– A atemporalidade é surpreendente. Eu apenas revelei isso a você porque seu Mistério é esse magnetismo revelador.
– Agradeço pela oportunidade, embora saiba que essa não é uma oferta incondicional.
– Você acha?

– Penso que toda revelação é um compromisso com o revelado.
– É um compromisso, ao mesmo tempo uma oportunidade.
– Para honrá-la?
– Exatamente.
– Então, honrarei este tempo que me deixou conversar com uma consciência avançada como a sua, Dono da Fossa.
– Até breve, Wither.

******

Em uma única respiração, voltei à faixa neutra, no momento exato em que observava a fossa. Foi um tempo fugaz para tanta informação, mas chegara a hora de terminar o trabalho. Toda a energia negativa havia sido absorvida. As escravas que trabalhavam para Ulasilash se retiraram e a mulher em transe voltou à sua consciência, recuperando sua cor natural, mas com uma fumaça negra pairando sobre ela. Então, todos nós deixamos o local, pulando no poço, de modo a voltar nos domínios de onde partimos.
– Olha só o que você ajudou, Wither! – disse Ulasilash.
– Tudo por você, minha senhora, e por elas – respondi em tom vitorioso.
– Tudo o que você quiser será seu – Ulasilash ofereceu-se.
– Eu quero senti-la de todas as maneiras, por dentro e fora – insinuei.
– Você vai estar preparado? – disse com ousadia.
– Navegar no interior será ousado, mas posso correr o risco – disparei.
– Vamos para um lugar especial – Ulasilash convidou.
Fomos para um aposento, onde ocorreu uma intensa viagem íntima, a qual há muito eu não experimentava. Por vezes,

a sensual aparência se transformava em uma silhueta animalesca que revelava seu interior. Novamente tomando controle da atemporalidade, consegui adentrar ao interior de seu interior.

– Como entrou aqui, maldito! – Ulasilash esbravejou.

– Não se altere, minha Senhora, só desejo a pedra que está em suas pernas – tentei manter o controle da situação.

– Esta pedra me pertence! – Ulasilash gritou.

– Definitivamente não lhe pertence. Nunca foi sua, trata-se de um acesso ao Dono da Fossa.

– Quem lhe disse isso???!!! – urrou Ulasilash tomando um grande susto.

– O próprio dono, e agora devo levá-la novamente para o lugar ao qual corresponde – respondi avançando sobre Ulasilash.

– Não! Eu lhe suplico! – Ulasilash implorou.

Naquele instante, ela ficou paralisada pela atemporalidade, enquanto mobilizei minhas cobras e estas cravaram seus venenos em todas as escravas de Ulasilash, e nela própria, petrificando-as complemente.

Em seguida, retornei ao presente e estendi minhas mãos em direção à sua genitália, removendo uma pedra negra em corte perfeito. Escondi a pedra dentro de uma das minhas cobras, que a engoliu protegendo da visão de qualquer um. Retiramo-nos do lugar, saindo pela mesma porta grande que estava aberta. Fazendo o símbolo da serpente negra no chão imundo, o portal se abriu, absorvendo-nos completamente.

******

Capítulo 3

Como Testemunha Diante de um Mistério

Fui caminhando, intrigado com tantas informações novas. Estava confuso com as palavras reveladas por aquele ser, o Dono da Fossa. Por outro lado, estava satisfeito por ter participado de algo realmente ótimo para meu mérito.

Após algum tempo, notei uma silhueta ao longe. Era o Guardião da Serpente Negra, de costas, olhando para vários escravos reunidos ali, todos acorrentados e vigiados por cobras negras que balançavam as caudas sincronizadamente, o que criava um som assustador.

Quando eu estava a pouca distância, ele me surpreendeu ao virar-se repentinamente para mim e dizer:

– Você conseguiu, Wither! Era o mínimo que eu esperava de você – cumprimentou-me secamente Serpente Negra.

– Sim, meu Senhor. Apesar das dúvidas colocadas em minha consciência, eis-me aqui, com a pedra resgatada – respondi fazendo uma reverência.

– O que o intriga? – Serpente Negra indagou.

– Eu conheci o Dono da Fossa, que me revelou a forma como trabalham os verdadeiros donos do movimento maligno – respondi, pensativo.

– Eles não são os verdadeiros donos, mas são os verdadeiros destinatários de um mal que deve ser regulado pelo próprio mal – Serpente Negra explicou.

– O mal pode regular o mal? Isso não está limitando? – minhas dúvidas pareciam aumentar.

– O mal tem uma ordem. Você acredita que a ordem é um atributo da Luz?

– Eu acreditava que o mal era a desordem, porém sua liberdade incondicional.

– Você está errado! – Serpente Negra me repreendeu. O mal é regulado e sua liberdade é condicionada ao mal maior.

– O maior mal é o dono do mal absoluto? – perguntei.

– O mal absoluto não existe, nem a Luz absoluta.

– Como? A Luz absoluta não existe? – eu estava realmente intrigado.

– A plenitude é um estado, mas o absoluto é o conjunto de Luzes que se somam a essa palavra. Quando você visita uma área de Luz, ela é limitada pelo tipo de Luz que absorve. O mesmo pode ser dito das trevas; há obscuridades limitadas a um tipo específico de escuridão ou maldade – explicou Serpente Negra.

– Então, o dono da escuridão absoluta é parcial – concluí.

– Não, é a escuridão absoluta em sua forma específica – Serpente Negra me corrigiu.

– Então, de que são preenchidas as trevas do Senhor da Escuridão?

– Da escuridão que não conhecemos.

– Então está em sua plenitude porque não podemos limitá-la.

– Exato. Sua falta de conhecimento e a nossa podem levar a induzir sua plenitude.

– Da mesma forma, a Luz pode enxergar o Senhor da Luz Plena – afirmei com segurança.

– Exato – Serpente Negra concordou.

– Mas, mesmo assim, meu Senhor, eu tenho dúvidas sobre o porquê de usar sangue animal para acessar a parte escura que o Dono da Fossa absorve – continuei.

– Cada animal carrega um elemento que o distingue dos outros, levando à ativação de um tipo sanguíneo que abre o canal atemporal desse proprietário.

– Portanto, existem diferentes tipos de sangue.

– Posso revelar a você do lado de fora o que é permitido, mas apenas para que você possa aumentar seu respeito pela força que envolve o Mistério dos Sete Sangues Sagrados – disse Serpente Negra.

– Eu sou digno de ouvir isso? – disse com curiosidade.

– Você merece ser testemunha, mas não deve ser juiz nem tomar partido – Serpente Negra advertiu.

– Por ser um Mistério oculto?

– Claro. Cada animal carrega um tipo de sangue que ativa uma fonte geradora de vida, que move a energia; que move uma solicitação ou um desejo e, portanto, ativa a amálgama de forças ocultas em um ser elementar que é o Dono da Fossa – Serpente Negra explicou.

– E quem designa o animal correto a ser abatido? – perguntei.

– Cada ser, seja de Luz, seja de escuridão, pode dispor do tipo de força animal que mais se aproxime da vibração daquele ser, o Dono da Fossa.

– Então, o mal pode ser praticado em um Mistério que carrega a palavra sagrada como uma nomeação? – eu estava ávido por saber mais.

– Não – continuou Serpente Negra. Assim como caem os servos das trevas, o mesmo ocorre com os seres de luz que, tendo o Mistério adormecido em seus ancestrais, têm sua ação revertida para poder servir às trevas.

– Mesmo que nada tenha sido revelado na faixa neutra?

– Assim mesmo, porque a consciência entorpecida não se limita à sua vida atual, mas a todo o conhecimento acumulado naquele núcleo da eternidade.

– Entendo, meu Senhor! Mas isso seria limitado apenas aos animais? – eu ainda estava intrigado.

– Não, o ser humano também carrega a força de todos os elementos em seu sangue – Serpente Negra respondeu.

– Então, o sacrifício humano passa a ser o mais forte, sobrepondo ao de um animal?

– Sim, pelo fato de os humanos serem portadores de todos os elementos em um único elemento principal – Serpente Negra confirmou.

– O sangue é o elemento principal? – perguntei.

– É o elemento acionador de maior alcance que abre o movimento dos elementos de menor alcance – disse Serpente Negra.

– Mas, meu Senhor! Então, o mal tem toda a firmeza em um elemento humano? – perguntei surpreso.

– Claro. Mas, ao mesmo tempo, existem poucos magos sombrios na faixa neutra que podem separar e potencializar o elemento do sangue humano. É mais fácil acessar a energia animal, que já é classificada de acordo com a espécie e o ambiente em que transitam – Serpente Negra tenta ser o mais claro possível.

– É mais complexo do que eles podem fazer nas alturas – eu disse pensativo.

– É complexo, oculto e limitado a algumas poucas consciências – Serpente Negra assegurou.

– Limitado a poucas, mas muitas a utilizam.

– Utilizá-las não significa que sejam correspondidas.

– Existem as falhas, então, nas evocações e ofertas que fazem esse poder! – eu estava cada vez mais interessado.

– Existem e muitas. Mesmo no corpo que você usa para revelar essas palavras, há pessoas que adotam a religião com exceção do uso.

– E essa consciência que uso na faixa neutra, encontra-se em uma religião que não usa o sangue animal como condutor de movimento?

– Sim, mas existem religiões que, de fato, utilizam o sangue, bem como círculos que não estão sujeitos a nenhuma religião.

– Em outras palavras, o sangue não se limita a uma religião – supus.

– Não, o sangue é limitado apenas à necessidade – Serpente Negra rebateu.

– Como aquele grupo de mulheres que trabalha com aquela Senhora que carregava a pedra.

– De fato – respondeu Serpente Negra.

– No fim das contas, meu Senhor, entendo que o sangue é um elemento muito punido na consciência dos seres humanos na faixa neutra – completei.

– E, por sua vez, a punição do preconceito é destruída quando eles consomem a carne de um animal que foi abatido para que possam subsistir. E, mais ainda, a hipocrisia do senso comum cai no infantilismo quando, enquanto consomem, desejam e cobiçam coisas.

– Quanta hipocrisia, é por isso que odeio os humanos! – esbravejei.

– Seu ódio pelos humanos não pode ser generalizado! – avisou Serpente Negra.

– Não, meu Senhor! Só está para aqueles que caem na aventura de praticar o bem, mas sustentando o falso e o escuro dentro – entender tudo aquilo me corroía de ódio.

– Ninguém está isento disso – Serpente Negra não se alterava por minhas reações.

– E enquanto o desejo, a ambição, o ciúme e o egoísmo encontrarem um lugar em sua evolução, acredito que jamais estarão isentos, meu Senhor.

– Certo, estamos falando de algo indefinido.

– Por sua vez, eles sempre estarão usando o sacrifício de animais para continuar cumprindo seus desejos.

– E esses sacrifícios só funcionarão se no lugar onde eles fizerem for o correto.

– Mas como saberão disso, meu Senhor?! – eu disse irritado e resignado.

– Wither! Existem religiões que usam a matriz geradora da vida de maneira sagrada, e aí o sagrado está ligado ao sacrifício.

– Então, é possível ser sacrificado em nome do sagrado?

– Claro que sim! Isso é milenar, mas o ser humano se esquece julgando e se lembra amaldiçoando e menosprezando – explicou Serpente Negra.

– Essa matriz geradora de vida tem alguma relação com o Mistério dos Sete Sangues Sagrados? – perguntei.

– Sim. Cada sacrifício protege um elemento da natureza em maior proporção, que o move em direção ao Dono da Fossa, o qual é um ser elementar que reage expelindo a energia amalgamada que atinge as consciências que administram essa força, o que levará à realização da ação, a qual, por sua vez, se materializará em um fato.

– Dou minha fidelidade eterna e trabalho ao seu Mistério, adorado Serpente Negra. O Senhor me fez participante de uma revelação que mudou a maneira como vejo a evolução – agradeci a Serpente Negra por todos esses importantes ensinamentos.

– Mais do que um participante, você é uma testemunha, Wither. Mas sua fidelidade eterna, dou como certa porque você não usa mais correntes – respondeu Serpente Negra.

– Sim, meu Senhor! Não me sinto mais como escravo, apenas como um servo que dá sua liberdade a um Mistério – eu disse complacente.
– Sua liberdade está condicionada ao meu Mistério – enfatizou Serpente Negra.
– Então, eu não saio mais daqui – respondi.
– Não, isto é, você é um servo que está a caminho de se ativar por inteiro neste Mistério que o protege.
– E o que está faltando para que eu fique completamente desperto, meu Senhor? – perguntei.
– Nada, até porque você é útil ao não usar meu Mistério completamente.
– O Senhor determina, e eu me conduzirei de acordo com a vontade do seu Mistério.
– Agora, chega de revelações comigo. É hora de descer ainda mais, para visitar um companheiro das trevas que requer ajuda para adentrar um mago que guarda várias fontes de geração de energias duais – ordenou Serpente Negra.
– Suas palavras são minhas ações, meu Senhor – concordei.
– Você encontrará o Guardião que na Terra chamam de Lúcifer.
– O próprio Lúcifer, que é o Senhor da Escuridão??? – falei tomado por um temor repentino.
– Não, o nomeiam assim porque ele trabalha na vibração negativa do Senhor da Escuridão.
– Estou confuso novamente, meu Senhor! – eu suspirei ainda assustado.
– E você continuará confuso, não estou com tempo para revelar tudo a você – Serpente Negra interrompeu a conversa.
Serpente Negra deu as costas para mim e fez um sinal com a mão esquerda a um dos Guardiões, apontando para baixo. Imediatamente, vi aparecerem vários escravos acorrentados e

nus, ajoelhados. Cada um com ódio nos olhos, mas um medo descomunal acompanhava respirações desesperadas. Em frente a cada um deles, as cobras negras se erguiam, oscilando os guizos de suas caudas, dando a impressão de uma grande ameaça. Todas estavam encarando seus rostos fixamente.

O Guardião caminhou lentamente entre eles, sem pronunciar uma única palavra, mas sua presença por si só era suficiente para indicar que era hora de cobrar algo pendente. Erguendo o braço esquerdo para o alto, fez todas as cobras enfiarem suas presas no meio das cabeças desses escravos que, em uníssono, gritaram de dor como ele nunca tinha ouvido antes. Essa dor formou uma fumaça negra que foi sugada pelas paredes que, como grandes dutos, levaram ao porão onde havia sido preso tempos atrás. A mesma dor absorvida pelas paredes despertou todas as cobras ali adormecidas, as quais começaram a cravar todos os que estavam presentes no local.

Os gritos eram ensurdecedores, revelando dores que não podem ser descritas por palavras. Eram alguns dos sentimentos mais negativos que fizeram do ambiente um lugar muito pesado, que me deixou de joelhos no chão. Só consegui me recompor depois de muito tempo em meio ao choro desenfreado por sentir tanta energia negativa que me sufocou no início. Mas, depois de instantes, gargalhadas irromperam de dentro de mim, pois o ódio cobrava outro significado em minha consciência. Não era mais apenas o despertar de algo negativo em meu interior, mas a chegada de uma nova maneira de sentir as expressões alheias.

Não demorou muito para eu ver como os corpos desses escravos, cravados pelas presas das cobras, começaram a encolher e a se deformar a ponto de enrugarem-se como um tronco morto e apodrecido. Depois de um instante, já não restava nada deles, apenas uma espécie de pedra ovalada muito pequena que vibrava no chão enegrecido do lugar.

– Aproxime-se, Wither – ordenou Serpente Negra.
– Sim, meu Senhor – respondi prontamente.
– Dê-me sua mão esquerda – estendi minha mão, para depois sentir o peso daquela pequenina pedra, que começou a me queimar. Gritei para ele retirá-la. Serpente Negra o fez, porém de maneira muito lenta, sem ter a mesma reação que eu.
– Senhor! O que é isso?! Tão letal, tão agressivo, mas tão pequeno! – respondi sentindo a mão arder como chama.
– Chamamos isso de princípio da alma – Serpente Negra respondeu serenamente.
– É como a pedra que guarda o segredo dessa consciência?
– Não, é a própria consciência reduzida ao seu menor estado.
– Mas, nesse estado mínimo, é tão difícil de manipular?
– Não, eles se tornaram uma arma que extermina a realidade dos outros.
– Mas como isso é possível?
– Quando essa pedra é colocada no corpo da vítima, ela cria um choque de consciências, em que a essência dos dois se funde com a própria realidade compartilhada, deformando completamente o presente da vítima que recebeu a arma em sua consciência.
– Esta é a coisa mais devastadora que encontrei até agora nas trevas – respondi absorto.
– É o que todos os Magos Negros querem. Acelerar o ataque a tal ponto que é difícil saber o resultado.
– Mas eu não consegui segurar a pedra – lamentei.
– Porque você não se protegeu ou se isolou de sua ação.
– Como isso é possível?
– Quando o dono da redução oferece a pedra a você, nada é acionado contra você. Agora, quando você não sabe, só causa caos ao seu destino – explicou Serpente Negra.

– Ou seja, esse princípio da essência de nossa realidade traz consigo o próprio veneno das cobras, amalgamado com a essência da consciência reduzida? – indaguei.

– É isso mesmo, você pode chamar esse princípio de ovoide.

– Então, o ovoide se torna uma arma que é ativada ou desativada pelo dono do ataque?

– Claro.

– Mas se ele cair nas mãos de um Mago Negro, eles serão capazes de usá-la como desejarem?

– Sim. Porque eles inserem em si mesmos o tipo de sentimento negativo necessário para causar o mal específico.

– Um dia, vou merecer um ovoide – imaginei, pensando no futuro.

– Merecer é ser o guardião deles, caso contrário, o próprio ovoide o reduz também a um ovoide – Serpente Negra me trouxe novamente à realidade.

– Prefiro que chegue a hora certa, embora gostaria de observar sua ação na plenitude de seus efeitos, querido Senhor.

– Agora você acompanhará um dos meus servos que já possui desperto o Mistério da Serpente Negra. Você irá ao contra-ataque de um caso que está ocorrendo na faixa neutra, com um dos meus servos humanos.

– O Senhor tem servos humanos?

– Claro! Por que eu não poderia tê-los!? – exclamou Serpente Negra. – Eles atuam como intermediários do meu Mistério na Terra, lutando contra inimigos que também sobem às faixas para exterminar a Luz.

– Então, meu Senhor é um defensor da Luz? – eu estava ficando cada vez mais surpreso.

– Eu sou um defensor do equilíbrio e da justiça, perante a Lei Maior Sagrada e sua implacável Justiça Divina – Serpente Negra proclamou com austeridade.

– Ser defensor pode lhe dar liberdade para atacar? – eu ainda não sentia que as coisas estavam claras.

– Não se trata de atacar por sua própria iniciativa, mas de contra-atacar em razão da necessidade de balanço de energia – Serpente Negra respondeu.

– Assim como o Senhor, também é o Senhor Cobra-Coral?

– Sim, nós dois trabalhamos juntos sob Mistérios semelhantes, mas não iguais.

– Eu não sabia que poderia lutar contra humanos idiotas, tampouco contra Magos Negros! – exclamei em tom de curiosidade.

– Você pode, desde que a Lei Maior o reconheça como tal – Serpente Negra concordou.

– Bem, farei o possível para ser o executor da Sagrada Lei.

– Por enquanto, você apenas observará algumas ações e participará de outras – Serpente Negra queria que eu mantivesse calma.

– Sou aprendiz, meu Senhor – respondi, de forma resiliente.

– Não, você é um candidato a ser iniciado.

– Eu não fui iniciado em seu Mistério?

– Não, você é o portador do Mistério, que ainda está adormecido. Você tem momentos em que isso que você carrega se move, mostrando o verdadeiro poder presente dentro de si, mas a maturidade de sua consciência é o que não lhe permite avançar – Serpente Negra explicou com a paciência de um mestre.

– É uma coisa difícil amadurecer na escuridão, meu Senhor – lamentei.

– As trevas são mais maleáveis que a própria Luz, mas aqui a dor e os sentimentos negativos o acordam para vigiar e trabalhar; ou sentimentos negativos o mergulham no esquecimento da eterna escuridão que o abraçará para ser apenas a penumbra de uma luz que você nunca mais poderá sentir.

– Isso é algo assustador, mas ao mesmo tempo, a Luz não é do meu interesse – falei sem dar muita importância à questão da Luz.

– A Luz é algo que lhe interessa, quando ela o reconhece, mas não exige que você viva nela, mas por ela, no lugar onde estiver – Serpente Negra continuou.

– Em outras palavras, você vive para a Luz, mas não deixa de pertencer às trevas.

– Isso mesmo, faço parte dos dois lados, mas permaneço neste lado da Criação, fazendo as coisas que me agradam diante dos olhos do Criador.

– O Criador é a favor da escuridão? – as coisas continuavam nebulosas para mim.

– O Criador é a favor de ações que restauram o equilíbrio das coisas. Algumas vezes por intermédio do amor, outras por meio da dor.

– Por isso, prefiro ensinar com dor, meu amado Senhor!

– Que não poderei determinar, mas será a Lei Maior que encontrará você na escuridão que repara ou nas trevas em que faz afundar.

– Que assim seja! – exclamei.

– Agora, você aprenderá sobre o funcionamento do ovoide no corpo de uma vítima.

– Você comanda meu destino, Senhor – concordei.

Um dos servos, que também se chamava Serpente Negra, me pegou pelo pescoço e ficou olho a olho comigo. Então, começou a me enfraquecer completamente, tirando minha visão e me deixando em total escuridão durante alguns momentos.

Ao recuperar a visão, já estávamos em um aposento completamente negro. Havia pessoas vestidas de preto, algumas em transe, conectadas a outros Guardiões que eu não reconheci. Cheguei ao lugar ao lado do Guardião, que não me dirigiu uma única sílaba, apenas me observava enquanto fazia ressoar suas palavras em minha mente.

– Você ficará em silêncio e não levantará os olhos de jeito nenhum. Não estou aqui para cuidar de você, viemos instalar um ovoide no corpo de um Mago Negro que será encontrado assim que se abrir o portal que está no centro dessa oferenda – disse o servo.

– Como queira, guardião! – respondi mentalmente. – Não estou em posição de causar problemas, mas, sim, estou aqui para aprender. Eu simplesmente não consigo parar de perguntar. Se isso não lhe causar problemas, será tudo o que farei.

– Você pode perguntar – respondeu o servo. – Nosso Guardião Maior enviou você por uma razão.

– Guardião Maior? – perguntei, sem entender.

– Sim – o servo respondeu secamente.

– Por que você o chama assim? – insisti.

– Ele é responsável pelo reino que comanda todos os que pertencem a este lugar, incluindo iniciados e guardiões menores – o servo explicou.

– O Guardião Maior tem alguém acima de seu reino? – continuei.

– O domínio é alimentado pelo Regente do Mistério.

– Outro Guardião acima dos "Maiores"? – eu queria saber mais.

– Eles são chamados de Regentes. São portadores do Mistério e têm a missão de ativá-lo ou desativá-lo, além de salvaguardar sua ação na vida de todos os servos que integram seu domínio.

– Então, o Guardião Maior não inicia.

– Nosso Guardião Maior é quem seleciona aqueles que podem ser portadores ativos do Mistério, além de nos oferecer respaldo energético durante os trabalhos.

– O Senhor tem alguma união com ele?

– Todos temos, inclusive você.

– Mas eu não sou um iniciado.
– Só que você carrega o Mistério, ainda que esteja adormecido.
– Faz muito tempo que o Senhor teve seu Mistério despertado?
– O tempo se perdeu em minha memória, mas posso dizer que já se passaram alguns séculos desde que me tornei servo do domínio.
– É fascinante saber de toda a eternidade que nos espera – eu disse com uma estranha alegria.
– É fascinante saber que a Criação não tem um limite – o servo respondeu.
– E essas pessoas que estão aí? – continuei.
– São servos menores, alguns respondem ao nosso domínio, mas também há servos de outros.
– Como vários servos, vindos de diferentes lugares, podem conviver aqui?
– Porque se reúnem para um fim específico, durante um tempo determinado.
– Eles estão em caráter de missão?
– Estão em um encontro de forças para vencer as forças escuras que atravessam as vidas de alguns humanos de maneira injusta.
– Mas quem determina o sentido de justo ou injusto?
– A escuridão – o servo disse em tom tenebroso.
– As ações da escuridão não são justas? – eu via a cada resposta que tinha ainda muito a aprender.
– Quando essas ações não estão no centro da Lei Maior e da Justiça Divina, passam a ser libertinagens de Magos Negros que apenas desejam acumular escravos e acertar contas ancestrais – o servo disse.
– E nosso dever é interromper essa ação – concluí.
– Ou cortar, anular, devolver, inverter... muitas outras coisas – o servo completou.

– E nesta situação, em particular?
– Cortar e devolver.
– Mas por que não posso ser visto pelos demais?
– Porque não foi iniciado, então não pode ter contato com nenhum humano presente aqui.
– Agora ficarei em silêncio enquanto observo sua atuação, Guardião Menor.
– Ainda bem, já fez perguntas demais – o servo respondeu sem muita paciência, e logo em seguida se afastou de Wither.

Então, o Guardião Menor Serpente Negra se aproximou do humano que irradiava uma luz de tons lilás e preto. Sua respiração foi mudando lentamente, e o Guardião liberou filamentos da mesma cor, que envolviam o corpo do humano. Nesse instante, os movimentos de cada um sincronizaram-se e o transe atingiu sua plenitude. Pude ver como a Serpente Negra se conectava e assumia o controle do corpo do humano, ou servo menor da faixa neutra.

O Guardião se virou para mim e, me olhando nos olhos, me indicou para me concentrar na oferenda, que continha algumas partes de animais, frutas e outros elementos que eu não sabia direito o que eram. Várias velas acesas me indicavam que a oferenda era como uma fonte de energia que girava de forma espiralada no ar, abrindo um portal que descortinava um tipo de casa abandonada.

Senti de novo as mãos frias do Guardião me empurrarem em direção àquele portal, para nos transportar até essa casa velha, porém habitada. Nela, havia um homem idoso coberto por uma capa preta com um ser deformado e putrefato entre os tecidos. Era o Mago Negro que ativou algo contra o templo.

Percebendo nossa presença, ele esbravejou:
– Que querem aqui, malditos?

– Toda sua existência – disse o Guardião da Serpente Negra.
– Ahahah! Quanta segurança de que sairão ilesos daqui – o Mago debochou.
– Sua casa macabra está rodeada de cobras negras, prontas para fulminar seus escravos! – o Guardião da Serpente Negra respondeu pronto para o ataque.
– Pois tente! – ameaçou o Mago Negro com uma investida contra o Guardião da Serpente Negra.

Nesse instante, o Mago Negro lançou uma espécie de bola escura cheia de espinhos. Ao mesmo tempo, uma infestação de ratos avermelhados começou a correr em direção ao Guardião, que bateu os punhos chamando centenas de cobras negras; elas começaram imediatamente a enfrentar aqueles seres deformados. Não foi uma batalha simples, tratava-se de uma disputa de poder, de um território, de um retorno da própria Lei Maior nas trevas.

Então, o Mago Negro se ergueu, medindo três vezes nossa altura. Sua aparência envelhecida e putrefata foi substituída por um corpo robusto, recoberto por espinhos em cada parte de sua silhueta. Ele soprou uma espécie de poeira esbranquiçada em direção ao Guardião, que perdeu a concentração e sentiu um forte golpe nas pernas, caindo no chão.

Nesse momento, outro Guardião apareceu com as mesmas roupas que ele. Pegando o Mago Negro pelos braços, enquanto observava o corpo do Guardião sangrando em razão dos ferimentos provocados pelos espinhos afiados do corpo do Mago Negro.

Nesse meio tempo, o Guardião da Serpente Negra se recuperou. Então, tirou o ovoide de uma bolsa preta presa em volta da cintura. Em um rápido movimento, jogou-o violentamente contra o corpo do Mago Negro. O ovoide prendeu-se ao peito do ser e, em um piscar de olhos, seu corpo começou a enrugar-se até que todos os espinhos caíram. Os ratos imediatamente também começaram a morrer. Em seguida, raízes negras saíram do ovoide e percorreram todo o corpo do Mago Negro. Em pouco tempo, ele já estava com um aspecto cadavérico. O Guardião que o segurava finalmente o soltou, enquanto observava a putrefação do ser.

Gritos ensurdecedores de dor e demência começaram a tremer as estruturas da casa, que veio abaixo. Rapidamente saímos do local, com o Mago Negro com os braços amarrados e arrastado pelo Guardião. Finalmente, em frente à casa já desmoronada estava o Mago Negro, com os olhos completamente brancos e a boca entreaberta, jazendo em um estado de loucura e petrificação. O lugar então ficou em silêncio.

Passado um tempo, senti que podia dizer algo. Então, em meio ao caos perguntei:

– Por que o Mago Negro ficou neste estado?

– Toda a dor, medo e desespero, somada ao veneno depositado em nosso ovoide, se uniu ao ovoide que o Mago Negro carregava dentro dele. Quando duas fontes geradoras de vida se encontraram, aquela com a maior força permaneceu, o que deformou toda a sua aparência e consciência – explicou o Guardião da Serpente Negra.

– Esse Mago Negro é inútil agora?

– O que ele havia acumulado permanece adormecido, mas seu corpo espiritual está em completo desuso – respondeu o Guardião da Serpente Negra.

– E se tornará um ovoide também? – perguntei.

– Se o ovoide doente não for removido, ele também será reduzido a um ovoide.

– E servirá para futuros ataques.

– Sim.

– Mas um ataque ovoide não é sempre a única e essencial coisa?

– Não, é mais um recurso, mas o Mistério da Serpente Negra traz consigo uma força avassaladora.

– Isso é feito para ser fulminante?

– Isso é feito para reduzir um Mago Negro à menor porção da escala evolutiva.

– E o que aconteceu com o humano com o qual você se conectou?

– Ele continua trabalhando. Em seu estado de transe, ele ativou um espaço mágico que abriu um portal que me permitiu alcançar o outro Guardião que me ajudou.

– Isso é maravilhoso.

– Não, isso é mágico.

– Magia nas trevas?

– Em todos os lugares, Wither.

Mais uma vez nos colocamos em posição para voltar de onde viemos. O Mago Negro, já em tamanho muito pequeno, era carregado pelo Guardião que o havia prendido. Como em lapso de tempo, regressamos ao portal que ainda girava sobre a oferenda. Todos os Guardiões haviam feito símbolos no chão, os quais vibravam uma espécie de cor, forma e som que se repetiam no ar, como réplicas que flutuavam e se juntavam acima e abaixo por alguns filamentos.

O humano em transe se despedia dos outros Guardiões na Terra, que também estavam usando o corpo de outras pessoas. Lentamente, os filamentos que o ligavam ao Guardião da Serpente Negra foram desconectados. Todos estavam em plena consciência, agradecendo pela oportunidade, enquanto nos retiramos sorrateiramente.

Quando senti a mão fria sendo retirada do meu pescoço, pude mais uma vez me encontrar no domínio da Serpente Negra. Embora eu tenha visto com surpresa tantas coisas reveladas, dúvidas continuavam a surgir, como cobras nascendo em minha consciência.

Um tanto desnorteado com tudo o que havia passado, perguntei ao servo Guardião da Serpente Negra:

– Como é possível chegar à faixa neutra?

– Você ainda vai ficar perguntando, Wither? – respondeu enfadado o servo.

– Perdão, companheiro das trevas, tudo isso é tão novo e estou muito curioso!

– Não somos "companheiros", você é um escravo com privilégios e condições – rebateu o servo.

– Perdão, Guardião, não quis parecer confiante demais – eu disse dando alguns passos para trás e abaixando a cabeça.

– Não há questões de confiança aqui, parece-me que você está trazendo algum comportamento humano. Aqui, você encontrará uma fidelidade ao Mistério que o protege e um respeito pelo sagrado nas trevas.

– Então, faço a pergunta novamente, tendo em mente que também quero ganhar um espaço como guardião. Como é possível alcançar a faixa neutra?

Respirando fundo por tanta curiosidade vinda de um escravo, o Guardião da Serpente Negra respondeu:

– Existem vários lugares na dimensão humana que contêm o conhecimento necessário para estabelecer espaços espirituais que, juntamente com elementos que vibram em sintonia com o Mistério, criam um ambiente propício temporariamente para que o objetivo de agir com a Lei Maior e a Justiça Divina, em favor da Luz. Esses elementos são introduzidos por alguém que já tem conhecimento ou são intuídos pelo servo do Mistério, que nesse caso era aquele humano de quem eu tomei o controle parcial.

– Ao tomar esse controle parcial, você toma todo o movimento do corpo dele?

– Não apenas do seu corpo, mas da sua consciência. Ao assumir o controle de sua consciência, essa pessoa é induzida a intermináveis movimentos vibratórios do Mistério, que a levam ao estágio seguinte, que está relacionado a um trabalho maior, que é a manifestação da Luz nas trevas.

– E todos esses Guardiões vêm de outros domínios?

– Existem tantos Guardiões, que é impossível quantificá-los.

– Agora sim! Tirei mais um pouco de minhas dúvidas, querido Guardião da Serpente Negra.

– Aqui você pode me chamar de Osliksh.

– É seu nome?

– De uma das minhas últimas vidas, sim.

– Mas você se parece com os outros Guardiões!

– Por trás dessa túnica, há uma consciência que está evoluindo como você.

– Como eu? Não é possível, caro mestre Osliksh! Eu sou um ignorante curioso.

– Não é...

– Sim, um escravo com privilégios e condições.

– Exatamente, Wither.

Nesse momento surge o Rei Guardião da Serpente Negra, com sua energia característica. Em passos lentos, carregando em uma das mãos uma serpente rígida com centenas de pedras ovaladas parecidas com escamas. Todos se ajoelharam, e fiz o mesmo. Seu caminhar impunha uma força que expandia um certo ar de medo e respeito.

– Aqui está, meu Senhor, o que ordenou! – disse Osliksh, esticando a mão esquerda e entregando os dois ovoides que portava.
– Bom trabalho, servo. E o escravo permaneceu calado, mas atento?
– Como foi ordenado, meu Senhor – Osliksh respondeu.
– Antes que você pergunte o que eu carrego em minhas mãos, todos os Guardiões da Lei mantêm em seus reinos um cetro que acumula todos os ovoides coletados nas batalhas. Essa bastão sagrado é uma fonte inesgotável de energias que cresce em poder e ação à medida que as lutas com as profundezas se desenvolvem. Não é comum que eles vejam ou saibam disso, mas vou revelar aqui a você que esse báculo faz parte de um Mistério maior, o dos Sete Báculos Sagrados.
– É um privilégio para mim, Senhor! – eu disse em reverência.
– Não é uma questão de privilégio, seu tonto, é uma necessidade que eu lhe diga isso. Então, você saberá o motivo.
– Portanto, sou um livro aberto para absorver o conhecimento que vale a pena revelar.
– Esses ovoides têm um campo de ação que abre portas para outros domínios, sem a necessidade de recorrer ao Guardião principal ou aos Guardiões menores.
– Então, eles são chaves para outras realidades? – perguntei.
– Não, para outros domínios. Esses outros domínios fazem parte da mesma realidade.
– Existem outras realidades?
– Muitas que não conhecemos.

O Guardião pegou os dois ovoides e os colocou sobre a cobra negra, que os absorveu. Então, passaram a brilhar junto às outras, que eram incontáveis a olho nu. Andando um pouco mais para a frente, com o pé esquerdo, Serpente Negra bate no chão, que abre uma espécie de fossa de onde saem mãos que tomam o bastão e levam-no para o fundo enquanto portal se fecha novamente.

– Eles também são Guardiões? – eu disse assustado.
– Não, são escravos que têm a única função de cobrir o bastão com dor e escuridão e conduzir às profundezas desse domínio.
– Este domínio é profundo?
– Tanto, que ninguém é capaz de determinar o tamanho.
– De onde tira sua grandeza?
– Da dor que se acumula.
– Então, toda a dor que os escravos deixam torna o domínio mais profundo.
– Exato.
– São tantos?
– Incontáveis, aos milhões.
– Eu tenho mais perguntas, meu Senhor – eu estava ávido por conhecimento, mas...
– É o suficiente! – gritou Serpente Negra. – Agora, eles o levarão para uma das salas onde você continuará seus estudos e seu merecido descanso.
– Um escravo pode descansar? – ainda assim insisti.
– Eu não consideraria mais você um escravo...
– Como assim? Estou livre desse título? – perguntei, novamente surpreso e, depois de muito tempo, sentindo brotar verdadeira alegria.
– Livre? – debochou Serpente Negra. Você está preso a este domínio. A liberdade não existe nas trevas. Todos estamos sujeitos a uma lei que nos governa. Agora, quando você trabalha para ela, goza de certas liberdades condicionadas.
– Desculpe, meu Senhor. Eu pergunto de novo – Serpente Negra já está cansado de minhas perguntas e me fuzilou com o olhar. Mesmo assim prossegui: – Já não podem mais me chamar de escravo, então?
– É, Wither – suspirou Serpente Negra querendo encerrar o assunto. – Mas você continuará sendo um escravo da ignorância que o distingue neste domínio.

Eles começaram a me acorrentar no ar. Novamente eu me tornei escravo, destruído. Fui trapaceado pela ambição, que me trouxe ao lugar errado, com os seres errados e o ódio borbulhando na minha pele.

Eu estava diante de todas aquelas mulheres de novo. Com o corpo perfeito, mas com um cheiro fétido, elas estavam definitivamente fora do meu interesse. Todas carregavam no braço esquerdo um símbolo de uma árvore com galhos de cruzes, envoltas por rosas vermelhas e espinhos. Todas tinham um corte de cabelo semelhante e sua pele brilhava em plena penumbra; não eram cristais que carregavam na pele, mas filamentos afiados, como se fossem pedaços de espadas embutidas. Nuas, mas impenetráveis, sedutoras, mas visualmente agressivas.

Eu não tinha ideia de onde havia caído, só estava plenamente consciente da dor indescritível em todo o meu corpo, especialmente do meu órgão genital destruído.

Depois de completamente acorrentado, elas amarraram uma fita preta na minha cabeça, com espinhos que pregaram meus olhos. A dor ficou ainda mais forte, assim como meus gritos. Senti como a energia do sofrimento foi liberada do meu ser. E elas sorviam essa minha agonia às gargalhadas, enquanto se excitavam com meu sofrimento.

– Agora você está de volta como sempre deveria estar. Agora você tem novamente a aparência que realmente merece. Era muita inocência sua acreditar que seu sofrimento acabaria assim que se convertesse em um Guardião que você nem merece ser. Por isso, passará para o outro lado desta escuridão, servindo ao mal, que é o que você faz de melhor – disse a mulher sombria.

– Não parei de sentir o desejo de fazer o mal, mas aprendi que nas trevas também posso escolher meus ataques.

– Cala a boca! Beba do seu próprio sangue, hahaha! – ela gargalhou.

Outra vez senti os espinhos rasgarem ainda mais no meu rosto, o que me deixou completamente ensanguentado, sangue este que começou a entrar em minha boca e me engasgou. Eu realmente estava muito assustado e atordoado. Não sabia dizer se era um pesadelo, porque eu estava vivendo a dura e dolorosa realidade de minhas decisões.

– Você vai me servir para reverter seu Mistério a nosso favor e atacar exatamente como eu espero fazer há séculos – a mulher ordenou.

– Reverter nada! Não tenho dons ou Mistérios para lhe oferecer – esbravejei.

– Você mente mais uma vez e sofrerá as consequências do engano nas trevas – ela respondeu com muito cinismo.

– Você não poderá acessar essa parte de mim.

– Não, você mesmo vai fazer isso.

– Mas não é meu desejo!

– Seu sofrimento é a chave para abrir qualquer Mistério.

– Então, sofrerei o necessário para nunca abri-lo!

As correntes começaram a esfriar e minha pele começou a endurecer. Sofri o poder do congelamento. A boca endurecida e a falta de ar me trouxeram a sensação da morte pela segunda vez. Meu desejo de morrer novamente cresceu e a impotência começou a clamar pela ajuda de qualquer entidade negativa.

– Ninguém pode ouvi-lo – era a voz daquela mulher negativa novamente. – Você está nas profundezas da sétima esfera, aqui estamos mais próximos do Senhor da Escuridão. Você está apenas alimentando-o com sua dor, e nós todas estamos gostando, hahaha!

– Então, clamo pela presença do Senhor da Escuridão, para me absorver completamente! – gritei em desespero.

– Não! Ele quer você conosco, acima, na faixa neutra, onde há vítimas desejosas de seus ataques.
– Caso eu concorde, você me libertará dessa dor! – exigi.
– Você será o único homem entre tanta beleza – a mulher concordou.
– Então me livre de tudo isso! Eu não aguento mais... – eu estava realmente perdendo as forças.
– Só se você acessar seu Mistério, Wither – ela mechantageou.
– Eu acesso o que você quiser, mas me tire dessa loucura! – gritei novamente.

As correntes voltaram a uma temperatura aceitável e os espinhos foram removidos do meu rosto. Aos poucos, o alívio começou se estabelecer, mas a dor não desapareceu.

Foi quando a mulher se aproximou lentamente e tocou com as mãos o que restou do meu genital. Em questão de segundos, eu não sentia mais dor, e sim o membro novamente, ereto e completo.
– Você já brincou com a minha ilusão? – perguntei, atônito.
– Não! Você realmente não tinha nada aí, apenas usei o que você guarda na memória do seu ovoide – ela respondeu.
– Existe regeneração lá? – indaguei.
– Há tudo o que você precisa para fazer qualquer coisa.
– Agora que sou todo seu, me diga o que você quer.
– Quero que chame suas cobras e serpentes negras – ela ordenou.
– Chamarei-as, e o que mais?
– Por enquanto, mais nada. Deixe comigo – ela disse.

Atendendo à ordem, concentrei-me no Mistério, e, como aprendi nos livros, utilizei a linguagem com a qual poderia chamá-las. Sob minhas palavras, elas foram saindo aos montes da terra e das águas escuras e me rodearam. Eu sabia que era uma oportunidade para acabar com aquelas donzelas, mas me dei conta de que as outras súditas desse ser tocavam as cabeças de todas as cobras e serpentes, deixando-as adormecidas. Era algo que eu nunca imaginei ver.

Então, a chefe se colocou atrás de mim e tocou a minha testa. Foi quando senti o maior dos ódios, uma raiva incontrolável que fez meus olhos arderem como fogo. Senti algo queimando minha testa. Era uma marca da Serpente Negra, tatuada como uma imagem invertida de serpentes que saíam do centro para todos os pontos cardeais.

No meio do símbolo havia espinhos pretos que preenchiam as escamas dessas serpentes tatuadas. Meu olhar havia mudado, assim como meu tom de voz. Eu estava completamente ansioso para aniquilar qualquer um que estivesse no meu caminho. Mas eu só podia ouvir a voz dela, penetrando minha consciência como se fosse um som interno.

– Agora sim! Bem-vindo, Wither – ela sorriu.

– Aqui me tem, minha senhora – retribuí a saudação.

– Você será um grande aliado.

– Eu sou o que a senhora quiser.

– Você será portador da cobra negra, e atacaremos onde eu lhe indicar.

– A senhora indica, e eu executo.

******

Levantei-me, vestindo um terno e chapéu negros, além de ostentar uma medalha com o símbolo da cobra negra. Na minha mão esquerda eu carregava um anel com uma grande pedra negra, dentro da qual havia os olhos de uma serpente. A mulher, então, me pegou pelo braço e caminhamos em direção aos corredores da caverna.

Andamos um pouco e chegamos a um aposento, onde estavam as mulheres mais excitantes que eu já havia visto. Eu fiz sexo com todas, por incontáveis noites, sem ter nenhum tipo de fadiga. Eu era um escravo sexual, sob o comando delas. Meus genitais sangravam, mas o prazer anestesiava a situação. Algumas acabaram ficando em estado de demência, por não serem capazes de controlar o orgasmo sombrio e desenfreado quando eu as penetrava. A cama estava cheia de cobras negras e, entre elas, nos corrompíamos no sexo selvagem, sangrento e animalesco.

Por fim, todas adormeceram, mas eu queria continuar com esse desejo incontrolável. Apenas a rainha do lugar permaneceu de pé; ela me absorveu completamente, deixando-me exausto e rendido, depois de me manter como escravo na cama. Caí em um sono profundo e, em uma espiral atemporal, pude visitar o lugar onde estava o Guardião da Serpente Negra, que me deu as costas enquanto me dirigia algumas palavras:

– Você caiu completamente, iludido.

– Não caí, levantei-me no lugar que mereço – respondi.

– Você merece escravidão – disparou.

– Não, eu mereço ser um Guardião Negativo – insisti.

– Guardião do mal! – Serpente Negra devolveu secamente.

– Guardião da retificação – corrigi.

– Com um Mistério Sagrado?

– Com um Mistério que pertence ao Senhor da Escuridão! – eu comecei a me alterar.

– Não! – Serpente Negra esbravejou. – Você levou conhecimento dos meus domínios e para cá deve retornar.

– Para ser escravo de novo? – perguntei.

– Para ser o que você merece ser.

– Quem determina o que eu mereço?
– Seus atos! – Serpente Negra apontou para mim.
– Meus atos são limitados pelos seus domínios – defendi-me.
– Meus domínios dão liberdade às suas ações.
– Então eu posso fazer o mal – concluí.
– Você fará o que é certo e necessário.
– Então, eu não voltarei. Afinal, você só quer manter tudo sob seu controle – rebati.
– Não é controle, é regência de um Mistério que me pertence.
– Então, venha me encontrar – desdenhei.
– Não irei. Mas você cairá na fossa mais profunda, que o removerá desse lugar.
– Mais profundo que este lugar, difícil de acreditar.
– Você andou pouco pelos meus domínios. Vocês são todos escravos de um domínio maior.
– Então, nós estamos no domínio de outro Guardião? – perguntei, intrigado.
– Você verá. Fantoche de fantoches de fantoches...
– O mesmo que você? – eu não estava com o menor medo naquela conversa.
– Como todos nós. Quanto mais extenso é o fio que controla você, mais fácil você será levado pelos outros. Continue suas más ações, então será responsabilizado perante os Guardiões dos Mistérios Cósmicos Sagrados – Serpente Negra sorriu.
– Então, seja assim – desdenhei novamente.

Em um solavanco, ela me trouxe de volta e me despertou com uma faca que tocou meu pescoço.

– Diga-me que você estava visitando outros lugares sem mim e esse será seu último olhar! – ela sussurrou face a face comigo.

– Não há nada para visitar enquanto estou sonhando. São apenas ilusões, minha Senhora sensual – respondi.
– Bem, da próxima vez ficarei atada aos seus sonhos.
– Como quiser...
– É hora de avançar em direção ao que realmente me interessa.
– Para onde iremos?
– Visitar meu escravo em terra.
– Ele sabe seu nome?
– Não, estou apenas fingindo ser uma Guardiã das Sete Luas.
– Mas você tem algo a ver?
– Eu não tenho nada a ver, hahaha! – ela soltou um de seus risos irônicos.
– E por que você não revela seu nome verdadeiro.
– Porque evocaram meu poder para a estupidez humana.
– E isso não alimenta você?
– Eu me alimento do que é realmente profundo.
– Como as relações?
– Como as relações, as mentiras e o ódio.
– E por acaso não são uma estupidez?
– Não, são ambições limitadas à matéria, sentimentos enraizados no futuro e enraizados no passado, meu escravo curioso – ela disse com uma pose irresistivelmente sensual.
– Mas a matéria também está enraizada em um sentimento.
– A matéria que se deseja limita apenas desejos muito efêmeros.
– Há desejos da matéria para destruir pessoas.
– Mas, nesse caso, não almeja a matéria, mas a destruição.
– Visão interessante.
– Interessante é sua curiosidade.

– É que eu sempre desejo a excelência do mal e acho que ter chegado a esse lugar pode ser o meu fim.
– Ou pode ser seu começo... Tudo vai depender de como você sobreviverá a esse domínio que comando.
– Você é a dona deste reino?
– Sim, mas não da esfera negativa que nos abriga.
– Existem esferas?
– Toda a escuridão é agrupada em esferas. Dentro das esferas estão os domínios, e dentro dos domínios estão os reinos.
– Estamos agora dentro do seu reino?
– Estamos. Algumas de nós somos defensoras do reino e outras, do domínio.
– Qual é a diferença?
– Este reino é caracterizado por um acúmulo de sentimentos. Em vez disso, o domínio é a conjunção de vários sentimentos relacionados à natureza.
– Portanto, existem elementos da natureza que estão conectados ao seu reino.
– Exatamente.
– E por que você precisa que eu tenha tanto alcance com seu domínio e com o reino?
– Porque seu Mistério está relacionado a um reino e domínio nos quais não posso ingressar para inverter suas ações.
– Você já tentou antes?
– Você, por acaso, não está predisposto a fazer o mal, pelo mal e com o mal?
– Estou muito encantado com tudo que você me revela, além de saber que o mal dependerá de mim e não de alguém que comande minhas ações.

– Corretamente, Wither. Você é livre para fazer o mal, desde que isso não implique avançar por domínios ou reinos aos quais não corresponde.

– Existem reinos incompatíveis?

– Existem, e muitos. Assim como existem reinos, domínios e esferas que não respondem ao nosso Senhor da Escuridão Absoluta.

– E quem é esse Senhor, que eu nunca conheci?

– Você nunca o conhecerá, apenas saberá que ele está lá na escuridão mais insignificante ou completa do seu ser e do que o rodeia.

– Mas esse Nosso Senhor das Escuridão precisa ser agradado com nossas ações?

– Não é sobre agradá-lo, é, sobretudo, alimentá-lo.

– Mas ele só se alimenta no escuro?

– Sim, porque sua missão dita isso.

– Missão? Todos nós temos uma? Estar na escuridão e fazer o mal é uma missão?

– Estar não é o mesmo que gerar. Minha missão é potencializar a escuridão. Não porque alguém me impôs, mas porque assim o desejo. E se meu desejo é o que me faz sentir livre, não deixarei de manifestar meu pior lado, que é o melhor para gerar a escuridão que me elevará em meu domínio e em meu reino e, portanto, elevará à escuridão nosso amado Senhor.

– Quanta sabedoria obscurecida! – exclamei.

– Não está obscurecida. Não aumentei a escuridão da sua ignorância, porque, como você percebeu, entrou em uma penumbra que mostra o verdadeiro caminho a seguir...

– Escuridão como um caminho evolutivo! – me surpreendi.

– Correto! Por esse motivo, é mais do que importante que você aprenda a adorar o mal, como uma via de evolução – ela concordou.

– É o oposto do que a Luz pensa.

– A Luz ratifica, a escuridão retifica.

– Mas, eu me encontrei com Guardiões da Luz que habitam a escuridão, mas servindo à Luz embora utilizem ferramentas da escuridão. É essa dúvida que não me permite chegar a uma conclusão e decidir o que desejo ser.

– A Luz infiltrou Guardiões nesses lugares para regular nosso avanço. Mas as trevas também se inserem na Luz, por meio de consciências travestidas que geram escuridão a partir de dentro.

– Como isso é possível?

– Você não viu os líderes falsos e negativos que promovem a Luz manipulando, persuadindo e extorquindo seu rebanho? Você não viu grandes Magos da Luz na Terra que se gabam de serem poderosos, mas, no primeiro teste sombrio, acabam engolidos em seu ego mais profundo, paralisando suas ações reais e dando origem à ilusão de serviço? Você não ouviu os grandes mantras manchados de ambição, reunindo um punhado de seguidores cegos que se curvam diante da evocação mais linda dos líderes vazios? Essas! Sim, essas são algumas provas do que estou lhe dizendo. Por mim, que continuem! Nas trevas, há bastante espaço para esses desgraçados.

– Surpreendente! – eu estava fascinado por esse assunto.

– É incrível ver que a cada Luz que se apaga cresce uma parte da escuridão – ela comentou, pensativa.

– E vice-versa!

– Exato. Mas é nosso trabalho remover a máscara desses idiotas e esperar por eles com algemas escancaradas para

mergulhá-los na escuridão real, convertê-los e tirar proveito de suas ativações.
– Você quer dizer roubar seus Mistérios? – indaguei.
– Eu não diria roubar, mas dar um sentido mais profundo a essa tendência à escuridão.
– Como você quer fazer com a Serpente Negra?
– E com Cobra Negra! – ela riu.
– Sinceramente, nunca entendi a diferença.
– A Serpente carrega a Lei que dita o porquê. A Cobra executa o porquê com o como! Um é teoria, o outro é ação. Um coleta o conhecimento, o outro aplica a consequência – ela explicou.
– Mas sou portador da Serpente Negra? – questionei.
– Por trás de uma serpente sempre haverá uma cobra que será executada.
– No dia em que o Guardião que me deu abrigo me descobrir, ele não vai me perdoar!
– Nós iremos contra ele! Usando a faixa neutra, para chegar ao meu escravo na Terra.
– Eu lhe garanto que vamos perder! Esse Guardião tem um local muito bem preparado.
– Você acha que eu sou idiota??!! – ela gritou se transformando em uma enorme cobra negra.
– Juro que não quis dizer isso, minha Senhora! Eu imploro por misericórdia – o tom da conversa se transformou de repente.
– Que seja a última vez que você traz a energia do medo para este lugar. Não tolero fracos, é por essa razão que não aceito seres masculinos em meus domínios.
– Honrarei minha exclusividade em seu reino, minha Senhora – eu me desculpei, fazendo uma reverência.
– Assim o fará! – ela disse em uma voz metálica enquanto recuperava sua forma humana.

– Não a incomodarei com minhas perguntas, vamos realizar seus desejos.

– Já era hora – ela encerrou a conversa e saiu em minha frente com um passo firme e sensual.

******

Fomos em direção a uma sala que não tinha teto. Enganosamente avistei estrelas, mas, na verdade, não passavam de morcegos gigantes pendurados em galhos, com olhos avermelhados brilhantes com um toque de cristal. De fato, todos naquele lugar tinham olhos vermelhos, exceto a rainha, que tinha um olho vermelho e outro azul com manchas pretas. No centro do salão havia um espelho que refletia nossa silhueta.

Era a primeira vez, em muito tempo, que pude ver minha própria figura. Meus olhos também estavam vermelhos e minha barba era grossa e extensa. A falta de cabelo me deixava com uma cabeça enegrecida de sujeira e minha pele tinha muitas marcas, cicatrizes e rugas por tantos anos carregando o mal. Eu sabia que poderia mudar minha aparência, mas não seria o que realmente sou na minha maneira mais usual de plasmar.

Depois de ver o ser que estava por trás da silhueta sedutora da rainha, eu já duvidava das outras e de com quem eu havia feito sexo. Eu diria que era mais instintivo e animalesco. Todas se posicionaram ao redor do espelho. Cada uma usava uma capa feita de pele de animal, com pelagem vermelho-escura.

O lugar era iluminado com grandiosidade por velas negras que aumentavam ainda mais o toque sinistro que caracterizava a rainha. Cada uma das escravas tirou de sacos pendurados junto aos seus seios um tipo de pó e, soprando em uníssono, o nevoeiro formado se transformou em um rosto assustador que observava a todas enquanto as absorvia por sua boca gigantesca que se abriu. Era um rosto masculino que também me encarava, mas não me consumiu, apenas entrou por minhas narinas, levando-me a perder a consciência.

Parecia um tipo de sonho, no qual eu via todas as donzelas escuras, mas não mais com os corpos sedutores, e sim com formas envelhecidas e mutantes de animais – as mais horrendas que eu poderia imaginar. Não consegui distinguir onde estava a rainha, porque não havia feiura que se destacasse, uma vez que todas tinham um conjunto de deformações indescritível.

******

Capítulo 5

Na Armadilha de Exu Lúcifer

Chegamos à faixa neutra – essa é a forma como a maioria dos que integram o lado espiritual chama o lugar onde os humanos habitam. Dizem que é aqui onde as duas polaridades se encontram, mas depende exclusivamente do que o ser humano decidir o que deve predominar, e é nessa neutralidade que alguns polarizam para o alto, e outros para baixo.

A casa estava com uma grande festa quando surgimos. O álcool corria, o desejo sexual também. Do lado de fora do salão principal, eu conseguia visualizar um quarto pequeno e escuro, onde uma espiral avermelhada girava e, dali, saíam vermes de todo tipo.

Eu reconhecia a forma de alguns, e esses seres subiam pelas roupas das pessoas presentes e entravam em seus corpos, ao passo que suas Luzes escureciam, e desejos negativos, como vingança, raiva, ódio, ciúmes, obsessões, eram potencializados... Andamos devagar, misturando-nos com a multidão que aguardava o início da reunião, cujos principais convidados éramos nós.

Entre essas pessoas, havia algumas que portavam uma espécie de cordão luminoso, que se estendia em direção à rua. Minha curiosidade era grande, então decidi seguir esse cordão.

Eu já havia me deslocado muito, as ruas estavam bem escuras e alguns cães encarnados podiam detectar minha presença, latindo incontrolavelmente ou se escondendo atrás do que encontraram pelo caminho.

Notei alguns bêbados caídos na calçada e umas prostitutas em uma esquina esperando clientes. Eu me aproximei deles algumas vezes para vê-los de perto. Quantas sanguessugas de energia estavam presas aos seus corpos. Um bolor enegrecido podia ser visto em seus órgãos genitais, expelindo um tipo de fumaça.

Pude ver como os homens interessados nessa diversão inalavam o ar e se entrelaçavam instantaneamente com sua energia. Era uma sincronia perfeita de desejos e necessidades, polarizada no desequilíbrio que era formado por razões fisiológicas.

Sem perder o rastro, eu já estava bem distante, e o fio luminoso ainda estava intacto em sua cor. Então, percebi que me aproximava de um grupo de desencarnados que formavam uma espécie de cordão de bloqueio. Todos estavam unidos por filamentos escuros através dos quais fluía uma energia de coloração idêntica à da espiral que eu tinha visto na entrada da casa.

– O que faz aqui??? – disse um deles, cuja pele era completamente enrugada; em um dos punhos carregava um pedaço de lâmina, aparentemente afiada, que substituía sua mão.

– Estou apenas observando, companheiro das trevas, fiquei impressionado com este cordão luminoso, carregado por um dos convidados.

– Que cordão?! – o ser perguntou, intrigado.

– Você não está vendo? É azulado, brilhante! Vai bem embaixo das suas pernas – respondi, apontando para o cordão.

– Como você consegue ver isso?! – disse outro de seus companheiros, gesticulando em minha direção.

– Eu apenas posso vê-lo claramente! Há algo errado? – perguntei, sem entender o que estava havendo.

– Esses filamentos são dos Guardiões que protegem a pessoa que está como convidada no salão! Precisamos revelar isso ao nosso chefe – disse um deles.

– Esse como convidado é mau?

– Muito mau! Porque foi ocultado das trevas, e somente os portadores dos Mistérios da Luz podem ver isso... Em outras palavras, você é um impostor? – questionou o outro, tentando me intimidar.

– Não! Estão loucos? Eu sou um servo das trevas, nós viemos com minha rainha.

– Quem é ela? – perguntaram juntos.

– Ela não revelou seu nome para mim, mas nós respondemos a um reino que está na sétima esfera – respondi.

O silêncio reverberou o desconforto do grupo. Todos se entreolharam e, em seguida, desenharam um símbolo no solo. Então me cumprimentaram com uma reverência estranha, enquanto repetiam em uníssono:

"Lishtruk Suetroil Hamik Vhaul".

– Pedimos desculpas, parceiro. Não iremos mais falar com você. Se você quiser deixar nossa proteção, pode fazê-lo, mas não somos responsáveis pelo que acontecer com você fora de nossa ação como membro de nosso reinado, o qual estamos protegendo por indicação de nosso rei das trevas – disse o primeiro ser que me abordou.

– Vocês querem dizer que fora desse bloqueio que armaram podem aparecer Guardiões dessa pessoa infiltrada como convidada?

– Sim – respondeu o outro. E como você, aparentemente, escapou de um reinado assim, ficará muito complicado.

– Então, é daí que veio minha jornada. Obrigado pelo conselho – agradeci.

– Até breve, convidado especial – eles se despediram.
Nesse momento, sinto uma tremenda atração. Uma força que instantaneamente me leva ao lugar onde estávamos antes. E lá estava minha rainha, com um rosto zangado.

– Por acaso eu devo ficar como uma babá, tomando conta de suas costas, quando realmente chegamos aqui em uma missão??? – a rainha gritou comigo.

– Minhas desculpas, amada rainha – respondi baixando a cabeça.

– Se aqueles seres não o tivessem cumprimentado, eu nem teria notado.

– Ele me fizeram uma saudação em um idioma desconhecido – tentei mudar de assunto.

– Nós usamos essa linguagem nas trevas – disse a rainha.

– Existe um idioma para se comunicar? – perguntei, já com curiosidade.

– Existem dialetos e idiomas que respondem a certos domínios e reinos – a rainha respondeu.

– E por que não fui capaz de aprender?

– Porque isso corresponde a um iniciado nos Mistérios.

– E me iniciarei nos seus Mistérios? – indaguei.

– Não, porque no meu reino trabalhamos apenas com a força iniciática feminina.

– Então... – eu queria que ela me dissesse mais.

– Então, você será um eterno portador, não iniciado, de um Mistério que será revertido, sempre que necessário.

– Que assim seja, minha rainha! Serei livre à medida que me seja permitido.

– E qual foi sua curiosidade em ir tão longe? – a rainha perguntou.

– Eu vi um cordão luminoso sair daquela convidada.

– De quem? – a rainha percorreu o lugar com os olhos.

– Daquela mulher de cabelos loiros perto da porta – eu disse.

– É para isso que você me serve! – exclamou a rainha.

– Para ver os cordões? – perguntei, sem entender direito.

– Para descobrir quem carrega um Mistério. Deixe-me dar uma olhada – nisso, a rainha apertou minha mão esquerda e senti seu olhar junto ao meu observando a mulher. Ela ficou surpresa com esse cordão, o que me fez sentir seu desejo aumentar incontrolavelmente; então ela soltou minha mão.

– Ela é a pessoa que viemos encontrar! – a rainha disse entusiasmada.

– Mas por acaso não era para ajudar seu escravo!? – indaguei, ainda mais confuso.

– Claro, mas foi para localizar essa mulher, que está tentando resgatar seu irmão que trabalha com meu escravo.

– Resgatá-lo daqui?

– Dar a ele discernimento, para que perceba que está em um lugar que não permitirá que ele ative seus Mistérios para a Luz – explicou a rainha.

– Agora eu entendo melhor – sussurrei, pensativo.

– Você já me ajudou muito, Wither, mas o trabalho não termina aqui – a rainha continuou. – Você vai perseguir essa mulher e deve tentar entrar em seu lar, quebrar suas proteções e deixar o caminho aberto para levá-la à morte.

– Seus desejos são minhas ações, amada rainha – assenti.

– Agora é meu trabalho dar a ele devida atenção. Estou me retirando...

A rainha se afastou enquanto ia para o salão principal. Fui atrás dela, caminhando ao lado de suas donzelas. Quando passei próximo à mulher a quem eu havia apontado, notei que ela parecia me olhar fixamente, o que me deixou completamente confuso. Como seria possível que conseguisse me ver? Deixei a situação passar e assumi uma coincidência, mesmo sabendo que estava me colocando em uma posição de autoengano.

A festa começou. Cantos e invocações aos espíritos tomaram o grande salão. A rainha se conectou com seu escravo e, com uma gargalhada tenebrosa, deixou todos os presentes em transe para o trabalho espiritual. Entre eles, o irmão daquela mulher que a rainha havia indicado para mim. Uma das donzelas incorporou nesse homem, que soltou uma risada envolvente, levando os outros convidados a um transe que os unia com alguns espíritos masculinos semelhantes aos que encontrei guardando aquele cordão de energia protetora na rua.

Vários animais ofereceram suas vidas, ativando uma força envolvente que tomou a todos, aumentando nossa força na Terra. Saboreamos o susto, as segundas intenções, os desejos e ambições que se exteriorizam por meio de uma fumaça expelida do corpo dos presentes. De certa forma, esse prazer que absorvemos nos deixou com um olhar extasiado, a ponto de desejar ter relações sexuais com algumas mulheres ali presentes.

Para deixar meu apetite por carne correr um pouco, aproximei-me daquela mulher infiltrada, a qual irradiava uma luz escura e densa, o que estava fazendo-a sentir certa excitação. Parecia oportuno que eu começasse a senti-la mais de perto, mas à medida em que eu a envolvia com minha energia, ela exalava uma luz avermelhada que começou a queimar minha pele.

Eram prazeres e dores naquela conexão efêmera que mantivemos, até que a rainha se colocou diante daquela mulher e me deslocou completamente. Consegui manter os ouvidos nas duas, então prestei atenção na conversa que se seguiu:

– Bem-vinda à minha morada, doce convidada! – disse a mulher.

– Muito obrigado pelo convite, Senhora... – a rainha reverenciou com a cabeça, enquanto tentava saber o nome da mulher.

– Você pode me chamar de Pombagira Sete Luas – respondeu.

– Mas que belo nome! – a rainha elogiou.

– Não tão belo quanto meu corpo, hahaha! – gabou-se a Pombagira com uma gargalhada.

– De fato você é dona de um corpo exuberante – concordou a rainha.

– Tudo isso para seduzir homens e mulheres, também!

Com um sorriso, a rainha deu a entender que não eram mais necessários elogios e foi direto ao assunto:

– Minha visita é porque meu irmão me disse que trabalha aqui.

– Sim! – exclamou Sete Luas. – Seu irmão tem um poder que deve ser despertado, desde que ele deseje iniciar-se nos Mistérios deste lugar.

– Eu gostaria que ele fosse feliz, conhecendo o que ele pratica.

– Por acaso não saberia, mulher encantadora? Ele tem idade suficiente para saber que caminho tomar!

– Claro, é tão livre para escolher, assim como se equivocar.

– Não se preocupe – garantiu Sete Luas –, será bem tratado por nós. E, no devido tempo, também receberá minha melhor donzela!

– E sua donzela? Você pode revelar seu nome para mim? – indagou a rainha.

– Ela se chama Pombagira Sete Rosas – Sete Luas revelou.

– Que lindo! Quando você souber o nome dela, ficará muito contente em estudá-la – a rainha disse, interessada.

– Mais do que estudá-la, deverá senti-la – Sete Luas completou.

– Claro, Senhora Sete Luas. Sentir é a base de sua presença, mas como sentir algo sem conhecê-lo – concordou a rainha.
– Você realmente gosta de pensar antes de sentir.
– Eu só gosto de sentir algo que sei e, ainda mais, se for para o bem.
– Aqui! Fazemos o bem! O bem de amar, de sentir, de possuir... Ahahah! – Sete Luas deu uma risada alta.
– Deixe que o tempo e o Criador decidam.
– O Criador pode decidir, mas é seu irmão que deve escolher. Boa noite, convidada especial!
– Boa noite, Senhora Sete Luas.

Naquele momento, a rainha, utilizando o corpo do escravo, virou-se para mim, indicando que agora era minha vez de segui-la. A mulher se afastou lentamente do grupo, a caminho da saída. Mantive-me um pouco a distância, mas sem perder seus passos.

Acompanhei-a até sua casa e, enquanto passávamos pelo cerco protetor, um dos guardiões encapuzados fez um gesto de silêncio para mim. Não entendi muito bem, mas tentei silenciar todos os meus pensamentos e ocultar minha energia em uma penumbra, desligando todos os tipos de luz avermelhada que poderiam brilhar, em razão de algum sentimento exteriorizado.

Chegando à casa, percebi que havia na entrada dois Guardiões encapuzados com uma arma desconhecida por mim. Mantive minha distância enquanto os estudava. Cada um tinha um rosto cadavérico, e de seus dedos esqueléticos brotava uma espécie de unhas metálicas que se mostravam como uma lâmina macabra.

As paredes do lugar tinham emaranhados de filamentos avermelhados que expunham uma teia onde se penduravam enormes aranhas negras. Sobre o telhado da casa, avistava-se uma esfera branca que emitia um tipo de raio que adentrava o local. Era realmente muito complicado, à primeira vista, entrar ali.

Eu não podia fazer isso sozinho, mas sabia que tinha as cobras à minha disposição esperando meus pedidos. Respirei fundo e comecei a fazer alguns símbolos no ar. Então, usando um sopro ativador, fiz aparecerem centenas de cobras negras que atacaram aqueles dois Guardiões. Porém, bastaram dois movimentos para que minhas cobras fossem fulminadas pelos seres. Meu ataque se tornou uma zombaria para eles. Mais uma vez, eu estava subestimando o local.

Eu me concentrei novamente, trazendo dessa vez um número interminável de cobras negras maiores ainda, que emitiam ondas esgotadoras a cada movimento dos chocalhos de suas caudas. Dessa vez, os dois guardas foram apanhados e completamente imobilizados pelas cobras.

Em um movimento de minhas mãos, afundei os dois e os carreguei até minha rainha, que estava em sua caverna, sob as águas escuras. Avancei a passos lentos enquanto olhava para a teia nas paredes da casa. Irradiando intensamente uma luz negra, carreguei as teias de ódio, chamando a atenção das aranhas, que saltaram em direção ao meu pescoço.

Uma delas me cravou seu veneno e a outra caiu esmagada. Segurei a que tinha cravado suas presas venenosas em mim e, em uma concentração de luz negra, a fiz explodir. Senti muita dor, mas tentei canalizar a força da minha rainha, que me enviou radiações curativas, acalmando a intensidade dessa sensação.

Finalmente entrei na casa e subi ao andar superior, sabendo que a esfera de luz branca que estava no teto se conectava a um dos cômodos. Cheguei ao quarto daquela mulher e a encontrei ativando um espaço mágico, que disparava fogo para todas as direções.

Seres de fogo transitavam pelo lugar e um grande espírito em forma humana colocou-se diante de mim. Senti um grande medo me envolvendo. Tentei fugir, mas era tarde demais, fui amarrado pelos pés e mãos por cordas de fogo que começaram a queimar minha pele. Gritei tanto que parei de ouvir o barulho das faíscas de fogo percorrendo pelo meu corpo.

Foi a segunda vez que caí nas garras da Luz, e sabia que dessa vez seria a minha sentença final. Caí de joelhos no chão e, em meio às chamas, avistei um Guardião completamente nu se aproximar, com olhos brancos e um sorriso zombeteiro em seu rosto. Ele abriu uma capa escura e me cobriu completamente, impedindo qualquer som e visão que eu tivesse. Fui preso com o fogo queimando na minha pele, mas sem saber onde estava e o que estava acontecendo.

Não sei quanto tempo fiquei nessas condições, mas senti que transcorreram muitos anos. Dormia no fogo, preso por cordas ardentes, sem poder tirá-las e ter ideia de onde haviam me prendido.

Finalmente, eu tinha perdido a noção do tempo e estava em um estado de total insanidade. Às vezes eu pensava que era um animal encarcerado. Às vezes, uma serpente, às vezes uma cobra furiosa. Chegava a me morder com o pior dos ódios, enquanto senti o próprio veneno me levar à loucura.

Houve momentos em que tirei minha pele com os dentes, sentindo o sangue correr pela minha boca. Eu sentia muita fome e comecei a comer partes do meu corpo. E quando veio a sede, eu só tinha meu sangue para beber. Não podia correr, meus pés estavam atados com esse fogo que não parava. Quanto mal sentia em mim mesmo. O ódio que carregava não estava mais presente.

Então, senti uma morte plena da minha consciência. Meu instinto de sobrevivência trouxe à tona o animal mais grotesco que habitava minha ignorância. Eu só queria morrer de novo para sair desse estado que me levou à pior das sensações que eu poderia ter vivido até então.

Senti que os anos foram ficando curtos e as décadas preenchiam a cota de um século de dolorosa escravidão na prisão que habitava em mim. Não tinha controle dos sentidos. Minhas pernas não existiam mais, a dor não estava latente, mas ainda estava presente.

Comecei a engatinhar onde não havia obstáculos. Às vezes, eu era espetado intensamente por plantas que me lembravam cactos. Outras vezes, caía em poças nauseantes, que me consolavam na sede que enfraquecia a necessidade mais básica de beber. Mas eu bebia aquela água podre que me fazia vomitar seres deformados que saíam do meu estômago. Quanto sofrimento sentia...

******

Capítulo 6

Despertando Diante do Exu Lúcifer

O tempo passou e eu não podia mais dizer nada, apenas balbuciava. Eu não me reconhecia, era um pedaço que restou da Criação. Não me lembrava de quem eu era ou o que fizera, apenas tinha uma vaga ideia de que segui o caminho errado e, por isso, estava lá. Fiquei a assim até que, de repente, surgiu um clarão de lembranças em minha mente. Comecei a gritar em desespero, por recordar que o fogo nunca se apagava.

Mas, assim como esse castigo estava presente, cessou, e uma noite voltei a ter olhos para entender que eu realmente estava onde eu já supunha há muito tempo: estava em uma fossa. As correntes de fogo desapareceram e eu estava aleijado, sem sentir minhas pernas. Com muita fome e sede. Eu podia ver sulcos nas minhas pernas e braços, por causa das vezes em que comi minha própria carne. Eram membros apodrecidos, cheios de vermes.

Quando tinha forças me punha a gritar para o alto, na tentativa de que alguém tinha pena de mim. Às vezes me jogavam carne podre, aparentemente de sacrifícios de animais. Eu devorava sem hesitar, e não deixava nem os ossos nem as entranhas.

Tornei-me um perfeito canibal. Foram várias as vezes que senti água quente podre sendo jogada na fossa. Tentava juntar essa água com as mãos, mas as altas temperaturas me causavam bolhas. Mas o desejo incontrolável de beber alguma coisa me conformou a beber a água enegrecida e inflamante, enquanto sentia como minha garganta se desintegrava no calor extremo daquela bebida das trevas.

Certa vez, resolvi parar de comer, beber e olhar para o alto. Eu sabia que meu castigo poderia ser a eternidade do sofrimento, então, nos pequenos momentos de penumbra da minha consciência, decidi esquecer que eu existia como ser... como o que eu já havia desejado ser.

Durante esse tempo, o mesmo Guardião que me observara com sua risada macabra e zombeteira apareceu na minha frente. Meu susto foi tão grande que comecei a tremer como nunca antes, enquanto tentava escalar as paredes e quebrando minhas unhas entre as pedras afiadas. Fechei meus olhos espirituais, mas ainda assim sua risada gozadora ficava ali para me assombrar.

– Acalme-se, idiota! – o Guardião disse. – Se você continuar assim, voltarei a desligar alguns de seus sentidos por outro século.

– Um século a mais!? – eu disse tentando pronunciar as palavras corretamente.

– Por aí... Você está aqui há tempo suficiente para refletir sobre as decisões que tomou – o Guardião continuou.

– Eu imploro que não me apague nenhum outro sentido por um século mais. Quanto tempo perdi. Eu lhe imploro, Senhor... – eu estava desesperado.

– Sou o Guardião Lúcifer – ele disse sério.

– Deixe-me beijar sua mão, Guardião Lúcifer, como um sinal de respeito! – reverenciei.

– Eu não sou a figura humana que você pensa, idiota – Lúcifer me espezinhou.
– Estou confuso com seu nome, meu Senhor.
– Tampouco sou seu Senhor. Você não é nada no meu reino. Nem escravo posso considerá-lo, porque você é inútil até para isso.
– Desculpe minha ignorância. É a primeira vez em cem anos, como você me disse... Que estou conversando com alguém que não seja comigo mesmo.
– Recorda-se daquela noite em que você tentou atacar minha protegida? – Lúcifer indagou.
– Lembro-me de cada instante – eu disse tremendo de novo.
– Você também se lembra para quem servia? – eu estava me sentindo interrogado.
– Sim, lembro que cometi o erro de servir àquela rainha – respondi constrangido.
– Nem o nome dela você chegou a saber, seu idiota!
– Fui um inocente, Senhor.
– Você era um idiota perfeito, que fingiu servir à escuridão usando uma ferramenta da Luz.
– Caí no erro, por ser um perfeito idiota – falei cabisbaixo.
– E agora você está sem suas cobras e serpentes, porque elas o abandonaram.
– Eu sinto que me tornei uma rasteira da eternidade.
– Os rasteiros pelo menos têm uma função, você não tem nada.
– Eu sou um nada, mas a eternidade pode sorrir para mim e me dar uma segunda chance.
– A eternidade também pode lhe dar dor eterna. Mas eu não quero mais você no meu reino.

– E onde o Senhor me deixará? – eu disse assustado com tal notícia.

– Tenho um companheiro que estava esperando este momento para encontrá-lo novamente e acertar as contas.

– Eu o conheço?

– É o Guardião da Serpente Negra – Lúcifer disse com um tom de voz totalmente sombrio.

– Não! – gritei desesperadamente. – Por Deus, será minha perdição!

– Não use esse nome sagrado em sua boca suja! Não merece clamar por Deus! – a voz de Lúcifer chacoalhou o lugar.

– Desculpe, Senhor. É a surpresa que me enche de um medo que não posso controlar – eu estava me sentindo muito aflito.

– Pois você será todo dele de agora em diante, ahahaha! – Lúcifer gargalhou.

– Eu suplico viver na escravidão com o Senhor! – implorei.

– Você não me serve para isso, melhor que não percamos mais tempo.

– Mas, Senhor! Caí em confusão por não saber interpretar a manifestação dos Mistérios Sagrados.

– Você caiu no erro de achar que tudo isso foi construído para fazer o mal. Pensou humanamente e, como tal, sofreu neste lugar humanamente, sentindo fome e sede, sentindo solidão e dor, como se fosse algo físico. Caiu no esquecimento necessário para se dar conta de que este espaço da Criação não é um local para experimentar, e sim para viver com base em decisões que o levam às maiores profundezas ou o elevam entre os mais sombrios. Caiu como uma porção débil da ilusão de poder, e a Lei Maior trouxe você até minha armadilha, porque estava vibrando com um Mistério Sagrado adormecido dentro de meus domínios. Aquela tonta, que se faz chamar de rainha, é uma ladra de Mistérios e foi sobrevivendo assim, mantendo suas donzelas adormecidas e invertidas. Cada uma delas é portadora de Mistérios invertidos. Mas já conhecemos seu esconderijo. Ela já não pode se ocupar por muito tempo.

– Como é possível que se esconda dentro do reino que o Senhor comanda? – perguntei.

– Porque nas trevas não há diferença entre claridade e escuridão. Cada qual cuida de sua escuridão dentro da escuridão. Em seu caso, você foi um descuido dela, que, com uma ambição desenfreada, finalmente encontrou outra mulher na Terra, a qual podia se tornar uma desencarnada e uma futura donzela com Mistérios invertidos. Ao ser invertido o Mistério de minha protegida, essa rainha falsa teria acesso aos movimentos energéticos que ditam meus domínios, e isso potencializaria seu reino invertido.

– Jamais eu me daria conta disso! – sussurrei em desespero.

– Por que você não está preparado para se dar conta. Se nem pode com as próprias trevas internas, por acaso poderá com as que o rodeiam? Pare de pensar de forma tão limitada. Aqui, ou reina com a Lei Maior e a Justiça Divina, ou reina para a escuridão retificadora invertida, que não protege você, apenas o utiliza buscando algo em troca.

– Meu desejo era ser um servo do Senhor Serpente Negra, mas não sabia se essa oportunidade me havia sido dada.

– Oportunidade? Por acaso você desencarnou ontem para pensar de maneira tão estúpida? – Lúcifer alçou a voz novamente. – Você já tirou minha paciência! Não quero mais você em meu reino. É hora de dar o fora imediatamente!

De uma vez só, Lúcifer me puxou para fora da fossa, envolvendo um pano preto em volta do meu corpo quebrado e deformado. Nesse instante, senti as pesadas correntes congeladas que amarravam meu corpo, deixando apenas meus pés livres para andar.

O frio tomava conta da minha atenção e não me permitia ver claramente os detalhes do local. Enquanto caminhávamos, pude ver quadros com símbolos perfeitamente desenhados, velas vermelhas incrustadas na parede e muito movimento no corredor. Escravos passavam, também amarrados, outros arrastavam seres deformados que gritavam; algumas mulheres sensuais me observavam com asco, enquanto seu cheiro me fazia lembrar das flores que minha mãe cuidava naquele castelo onde vivi minha última vida na Terra.

Onde minha mãe estará? Eu nunca a procurei porque nunca a encontrei. Naquele caminho estreito no corredor lotado, percebi que minha situação não havia mudado durante todo esse tempo; eu ainda era o mesmo escravo inútil, usado pelas trevas e destruído pela Luz.

Neste profundo castigo que sofri, abri grandes feridas de minha existência, o que só me leva à conclusão de que não sirvo ao Criador, mas também sinto que uma oportunidade está próxima, embora a dúvida da dor me afogue na angústia de saber que serei sentenciado diante do protetor desses Mistérios que carrego em mim.

Chegamos ao final do corredor. Passamos por uma porta e pude ver a distância outra porta, repleta de serpentes e cobras negras que se moviam sem parar. Elas se separaram, deixando esse espaço aberto, e todas vieram me atacar, cravando suas presas em mim, elevando minha dor a uma nova etapa, que foi recebida com insuportáveis gritos de impotência.

Guardião Lúcifer disse:
– Companheiro Serpente Negra, aqui trago seu instrumento inútil. Conseguimos localizá-lo graças ao seu aviso. Quase machucou meu protegido, mas já acertou as contas comigo. Devolvo-o a você um século depois, mas garanto que ele está pronto para colocar sementes de qualquer tipo, para aliviá-lo do sofrimento.

– Obrigado, companheiro Lúcifer – retribuiu Serpente Negra. – Vejo que você facilitou o trabalho de punição.

– Apenas dei a ele o que ele merecia. Por mim o afundaria mais um século, mas deixo por sua conta esse trabalho. Ahahaha!

– Agora vou ter que lidar com ele. Até logo! – Serpente Negra despediu-se de Lúcifer, olhando fixamente para mim.

******

Capítulo 7

De Volta aos Domínios da Serpente Negra

Tentei extrair forças de onde pude para me afastar da porta, mas todas as serpentes e cobras me prenderam pelas pernas, que já estavam quase paralisadas após décadas afundadas e imóveis. Gritei à rainha e às donzelas pedindo ajuda, clamei pelo Criador e ao Senhor da Escuridão, então deixei que o medo fosse o único veneno que esses seres rastejantes cravariam em mim. Eu estava meio inconsciente, e a dor me cobriu outra vez.

Em meio àquela tortura, implorei a Serpente Negra:

– Eu lhe suplico, Senhor Serpente Negra, não me afunde no castigo, sofri as piores dores durante o exílio que vivi no domínio do Senhor Exu Lúcifer.

– Você sofreu realmente o suficiente? – perguntou Serpente Negra sem se importar muito com o que eu estava sentindo.

– Não sou a melhor consciência para determinar isso, apenas clamo por piedade – eu disse.

– Você quase caiu na besteira de cometer um ato irreversível ao usar um Mistério Sagrado como manifestador negativo, e isso o levaria a responder durante muitos séculos na mais absoluta escuridão.

– Apenas encontrei uma oportunidade de ser correspondido – argumentei.

– Não seja estúpido e ambicioso. Você é mais útil sendo astuto. Simplesmente iria cair no erro de responder a uma rainha sombria que seria coroada com seu Mistério adormecido!

– Mas eu não sabia disso a princípio! Assim que caí na armadilha desse lugar, não tive como voltar atrás, pois corroeram minha energia vital naquelas águas apodrecidas, as quais nunca mais quero visitar outra vez.

– Pois saiba que seu erro me ajudou a localizar uma parte sombria dentro dos domínios do Guardião Lúcifer – disse Serpente Negra.

– Como um reino pode permanecer escondido dentro de um domínio? – perguntei.

– Por acaso a escuridão não pode se esconder na penumbra do que resta de outra escuridão? – Serpente Negra devolveu minha pergunta com outra, fazendo-me sentir tolo.

– Mas eu jamais pensei...

– Você ainda não pensa, apenas atua como um ser infantil – Serpente Negra disparou, me cortando. – Não deixa o Mistério fluir em sua natureza e despertar no tempo mais adequado.

– Fracassei, mas sinto que paguei naquele século que desapareci... – comentei com o olhar perdido.

– Você falhou, mas não pense que pagou o suficiente – Serpente Negra disse secamente.

– Farei o que desejar, meu Senhor, só lhe peço uma oportunidade – implorei, aflito.

– Não há oportunidades no escuro, apenas méritos conquistados.

– Então, o que devo fazer para merecer ser iniciado?

– Você a enfrentará junto a nós – Serpente Negra sentenciou.

– Mas ela tem um poder avassalador – tentei argumentar.
– Assim como nós. Agora resta retribuir o favor ao Guardião Lúcifer.
– Que favor, se fui castigado por tanto tempo?
– O favor de ter libertado você daquela fossa do esquecimento.
– Essa fossa é o pior lugar que algum ser poderia habitar – eu disse recordando brevemente os momentos terríveis que vivi.
– É para lá que vai voltar se não retribuir o favor.
– Eu imploro, não! – eu disse gritando enquanto me arrastava pelo chão.
– Você não vale nada assim, então deve se recuperar. Quando você estiver em melhores condições, nos falaremos novamente. Levem-no!

Nesse instante, guardas que estavam observando a situação me pegaram pelo pescoço e pelos braços. Fui levado a uma sala onde havia duas mulheres vestidas de túnica azul-escura, com tridentes circulares nas duas mãos. Elas me jogaram em uma banheira, que tinha água um tom avermelhado e rosas vermelhas. Senti o maior alívio quando minhas pernas recuperaram força e minha pele se regenerou.

As duas Guardiãs nada diziam, apenas entoavam alguns sons enquanto tocavam minha cabeça com os tridentes. Fizeram o mesmo nas minhas costas e na altura do meu estômago. Muito tempo se passou, até que senti meu semblante recuperado.

Elas me deram uma capa preta para cobrir meu corpo, bem como as roupas usadas pelos Guardiões. Então me levaram à mesma biblioteca onde eu havia me sentado para estudar décadas atrás. Lá, pude retornar às minhas memórias e comecei a observar toda a jornada que eu tinha percorrido, incluindo a que eu vivia no reino do Guardião Cobra-Coral.

Eu realmente caí em armadilhas e ciladas criadas por minhas próprias decisões. Logo, precisava dar um novo rumo ao meu destino e, para isso, era necessário me tornar digno de um Mistério tão almejado pela rainha sombria, que quase me fez desaparecer do caminho evolutivo.

Adormeci por um longo tempo, até que alguém abriu a porta do lugar. Era o próprio Senhor Serpente Negra, que se aproximou de mim lentamente. Tratei de mostrar meu melhor semblante e, com a maior segurança, me dirigi a ele com o respeito e a decisão posta em minha mente:

– Meu amado Senhor, é hora de assumir a posição que me trouxe aqui. É hora de ser seu pupilo, um iniciado nos Mistérios da Serpente Negra.

– Você já está em conformidade com o nosso reino, não parece mais um ser perdido – Serpente Negra respondeu enquanto me analisava de cima a baixo.

– Não, meu Senhor, eu só quero trabalhar com o seu Mistério, então, o que devo fazer para ser iniciado? – perguntei.

– Antes de ser iniciado, preciso encontrar o lugar que fez você cair. Precisamos localizá-lo e sua memória guarda o caminho.

– Nem me lembro de como cheguei lá, só sei que atravessei montanhas escuras até chegar a uma caverna que nunca terminava sua descida. No ponto mais baixo, fui engolido por águas escuras, e aí meu tormento começou – expliquei.

– Não diga mais nada, fique em silêncio – Serpente Negra ordenou.

O Senhor Serpente Negra ergueu a mão esquerda sobre a minha cabeça e começou a me induzir a um transe, que me transformou em uma serpente. Eu me senti deslizando no lugar a uma velocidade indescritível. Pude ver a mesma entrada da caverna e também as duas donzelas que guardavam aquele

lugar; eu as tinha visto armadas com lâminas afiadas que reluziam, como se estivessem afiadas ainda mais.
– Já encontrei! – disse Serpente Negra.
– Iremos entrar, meu Senhor? – perguntei.
– Não, elas virão ao nosso encontro primeiro – Serpente Negra respondeu.
– Como? – perguntei assustado.
– Elas virão com a intenção de destruir nosso reino, mas a rainha não estará presente, somente sua legião de donzelas sombrias – Serpente Negra explicou.
– E o que faremos?
– Você ficará na linha de frente da batalha. Será o primeiro a atacar e o último a abaixar as armas – Serpente Negra ordenou.
– Por lealdade ao Senhor, converto-me até em um ovoide.
– Assim está melhor.
– E em quanto tempo chegarão?
– Em muito pouco. Acompanhe-me para preparar o lugar.
Estávamos do lado de fora do reinado. Eu podia ver como a grande construção do reino foi erguida. Ela lembrava o castelo onde morei em minha última vida na Terra. As rochas escuras iluminadas por tochas, e grandes serpentes negras erguiam-se em diferentes pontos do lugar; homens encapuzados e algumas mulheres de saias pretas e rostos de répteis completavam a paisagem.
Nesse lugar, não se montava em cavalos, mas, sim, em cobras negras que, quando observadas, geravam um temor sem tamanho. Nelas existiam seres de forma animal, com os braços envoltos por arames e espinhos. Aos fitar esse batalhão com meus olhos, havia apenas o desejo de lutar, com ódio e desejo de vingança. Todos estavam observando atentamente o

rei daquele lugar, o Senhor Serpente Negra, que me dera uma segunda oportunidade, mesmo sem dizer nada.

Senti dentro de mim a oportunidade de me reivindicar para a escuridão, sabendo que o Criador também estava ali, guardando um Mistério, um reino, um domínio, uma realidade. Serpente Negra e eu estávamos à frente de milhares de seres que eu nunca havia visto nem enumerado. Só sei que éramos incontáveis. No fronte também estava a maior das serpentes negras que eu já havia encontrado. O rei chegou ao início da fila de guerreiros e, com uma voz penetrante e metálica, dirigiu-se a todos:

– Hoje, temos de defender nosso reinado. Devemos defender o que somos e o que nos tornamos. Hoje, sacamos nossas armas para elevar nosso reinado à conquista de um novo lugar e, ao mesmo tempo, para defender o reinado de um rei que abriu suas portas para trabalhar com ele. Refiro-me ao respeitado Guardião Lúcifer. Hoje, alguns se converterão em ovoides, e aqueles que virem seus parceiros entrarem nesse estado devem recolhê-los, não permitindo que aquelas donzelas negativas os roubem. Nada restará daquela legião que chega para nos atacar, e tudo deve permanecer neste reino para protegermos em honra e poder o Regente absoluto. É por isso que alguns vieram de outros reinos para poder dar a força necessária. Pela escuridão sagrada, meus companheiros!

– "Pela escuridão sagrada!" – o exército gritou em uníssono.

– Agora, Wither, a você concedo a oportunidade de se redimir, de regenerar sua conexão com o Mistério que lhe abriu as portas novamente. É hora de dar a sua existência para a permanência do seu lar sombrio e sagrado.

– Por você, por eles, por nós, meu Senhor... Assim se fará!

As caudas das serpentes começaram a soar, fazendo um ruído quase ensurdecedor. Alguns seres sem reinos que assistiam tudo a distância começaram a correr em todas as direções.

O medo tomava corpo no movimento desse batalhão, pronto para extinguir a legião sombria que se aproximava.

A distância era possível avistar uma multidão de mulheres, algumas com corpos humanos, outras com deformações capazes de provocar horror naqueles que se deparassem com elas. Não demorou muito para a primeira investida, e elas empunhavam armas difíceis de descrever. Algumas não tinham mãos humanas, mas garras com pedras afiadas e dentes pontiagudos que cravavam nas vítimas, a fim de mastigá-las de uma só vez.

Algumas esticavam os braços, espalhando-se como trepadeiras com espinhos que grudavam no corpo dos guerreiros do nosso batalhão. As espadas de alguns dos que lutavam conosco exalavam uma fumaça negra que envolvia essas criaturas deformadas, derretendo-as a ponto de transformá-las em ovoides. As cobras soltavam seu veneno em grandes quantidades derretendo todo o corpo de quem era atacado por elas.

Foi uma batalha que durou décadas, porque, à medida que elas se desintegravam, outras donzelas mais chegavam, empilhando os corpos dilacerados como uma grande montanha de dor, inconsciência e vingança destruídas. O cansaço estava presente entre todos, mas havia uma força adicional que forçava para seguir diante do ataque daqueles seres.

O contingente de soldados começou a diminuir nos dois lados. De nosso lado, uma luz negra em espiral irradiava entrando na consciência das donzelas, invertendo-as e fazendo-as lutar umas contra as outras. Eu tinha aprendido essa tática com meu Senhor Serpente Negra, que fazia o mesmo, mas em escala maior. Finalmente, a batalha estava terminando, e as poucas escravas que restavam foram cercadas e contidas por correntes, lâminas de fogo afiadas e serpentes que desintegravam cada parte de seus corpos. Então, foram levadas para as masmorras existentes nos andares mais profundos do castelo.

Estávamos todos completamente exaustos. Era hora de contar as inúmeras perdas que tivemos, e ficamos um tempo enorme recolhendo todos os ovoides entre os corpos dilacerados. Milhares de ovoides foram carregados em sacos negros para dentro do forte. Cada ovoide foi absorvido pelo cetro de nosso rei.

Serpente Negra reuniu todo seu exército e pronunciou:

– Que cada um dos feridos seja levado aos salões da cura. No devido tempo, vamos comemorar, porque isso ainda não acabou. E você, Wither, prepare-se para marchar comigo e outros Guardiões. Não há tempo de descanso para nós.

– Como você ordenar, meu Senhor – assenti com uma reverência.

– É hora de acabar com essa realidade destrutiva – disse Serpente Negra, ao mesmo tempo que firmou seu passo em direção à saída do castelo.

Saímos do castelo em direção à rainha, que era um ser destrutivo por natureza. Eu sabia que seria uma revanche para mim. Ele sabia que depois de mais de cem anos, comparando o tempo da Terra, tudo seria diferente. Embora ela não estivesse fortalecida após a tremenda perda que sofreu, ainda assim aquela caverna produzia em mim más lembranças.

Notei que atrás de nós havia uma imensa legião ansiosa por vingança, com uma energia concentrada comandada pelo Guardião Serpente Negra. Foi quando resolvi desabafar com ele:

– Como posso ter o privilégio de caminhar ao seu lado, meu Senhor, se ainda não fui iniciado em seu sagrado Mistério?

– Você caminhou comigo, milênios atrás. Mas você se perdeu ao fazer suas próprias escolhas, grandes obscuridades que nos mantiveram separados por um longo tempo – Serpente Negra respondeu.

– Então, meu Senhor já me conhecia? – eu perguntei totalmente surpreso.

– Alguma vez estivemos juntos na Terra, como uma família.
– Isso é incrível e perturbador – senti que minha cabeça começou a rodar. – Você era um parente meu? Em que vida? Mal me lembro do último encontro, que não foi nada agradável!
– Já vivemos sob o mesmo teto várias vezes – Serpente Negra continuou. Você foi um irmão mais novo na carne em diferentes ocasiões. As trevas nos uniram novamente.
– Irmão? – eu disse sendo tomado por uma emoção como nunca me sentira antes.
– Sim. Você fez parte da minha história. Agora é hora de fazer as pazes e recuperar o tempo perdido.
– Ainda assim, eu o sinto como meu Senhor.
– Minha posição não muda em relação a você. Seu dever é despertar diante do Mistério da Serpente Negra.
– Agora entendo por que você me deu a oportunidade – eu disse, reflexivo.
– Não fui eu quem lhe deu a oportunidade, mas o próprio Mistério que procura atrair todas as suas partes distribuídas em diferentes partes da Criação – explicou Serpente Negra.
– Portanto, existem muitos Mistérios ocultos em vidas e consciências como a minha?
– Sim. Mas nem todos estão preparados para experimentar o Criador nesta parte da Criação.
– É complexo aos olhos da Luz...
– É complexo aos olhos da evolução. Há ideias de que a evolução ocorre apenas com passos para o alto, mas o embaixo também é um *habitat* evolutivo.
– Mas a dor não é um caminho que alguém deseja percorrer – comentei, lembrando-me das atrocidades pelas quais escolhi passar como consequência de minhas ações.
– Às vezes, você sofre por não assumir sua realidade.

– E minha realidade estava envolta em dor – eu me sentia novamente angustiado.

– Você decidiu procurar o embaixo. Sempre há alguém esperando por você nos dois extremos da Criação – Serpente Negra explicou.

– Em outras palavras, se minhas decisões fossem edificantes e positivas, alguém estaria no alto esperando por mim.

– Definitivamente – Serpente Negra concordou.

– Mas a Luz não me interessa, meu Senhor – eu insisti.

– A Luz tem diferentes silhuetas, tons e finalidades. Não estamos lutando para que reine a escuridão.

– Então, tudo isso é preservar a Luz?

– A Luz na escuridão.

– Que ironia! – novamente eu contradizia minhas crenças.

– Que ignorância sua por não reconhecê-lo – Serpente Negra olhou para mim seriamente.

– Quanta sabedoria você acumulou durante todo esse tempo, meu irmão – eu disse sentindo orgulho de Serpente Negra.

– Não me chame de irmão, pois não vivemos mais essa vida – Serpente Negra me respondeu.

– Desculpe, meu Senhor – respondi procurando manter a hierarquia.

– Não há preferências em relação a você, só tenho a missão de resgatá-lo.

– Então, por que me revelou essa parte da nossa história?

– Para que você decida completamente qual lado o espera de braços abertos e qual lado deseja usá-lo para ir além.

– Entendi isso muito bem no reino do Senhor Lúcifer.

– Ele teve pena de você apenas porque solicitei sua presença onde seria apropriado.

– Ele não ia me libertar?

– Não.
– Isso seria sofrimento eterno!
– Mas há sofrimento eterno.
– Ou seja, existem consciências que não saem desse estado?
– Sim, eles se tornam uma fonte de dor permanente, e são usadas como escravos altamente tóxicos em qualquer tipo de ataque.
– Tenebroso!
– Real! – Serpente Negra devolveu.
– Obrigado pela oportunidade, sagrado Mistério da Serpente Negra.
– Que assim seja! – Serpente Negra indicou que era hora de nos calarmos e prosseguir rumo ao reino da rainha sombria.

Estávamos atravessando vales sangrentos onde não havia reino algum. Era um deserto de corpos deformados, gritos e choro histérico. Seres animais faziam sexo com qualquer forma que se movesse. Em lagoas escuras, coisas horríveis e sem controle se moviam. Havia, ainda, vulcões e sentíamos tremores, tudo era caos.

Não havia controle sobre nada ou ninguém. Árvores se moviam entre espinhos, e cabeças humanas penduravam-se aos galhos. A escuridão era quase total e revelava apenas seres com silhueta indefinida. Olhando para cima, via-se algumas espécies de estrelas se movendo incessantemente. Essa parte do deserto era como uma terra do esquecimento. Ao longo do caminho, nosso exército ia convertendo em ovoides quaisquer seres que passassem por nós, enquanto o Senhor da Serpente Negra os recolhia em seu cetro.

Finalmente estávamos chegando à entrada da caverna. Estava na hora de acertar as contas. Todos vestiram um capuz preto, em nossas capas e vestimentas abrigamos as cobras e serpentes que nos acompanhavam.

O Guardião Serpente Negra foi o primeiro a adentrar a passagem em passos lentos, e seguimos suas instruções. Começamos a descer as escadas, enquanto abríamos caminho para algumas cobras que corriam para a nossa frente. Ouvimos os gritos de mulheres que estavam subindo freneticamente em nossa direção. O chão tremia. Novamente um confronto, mas desta vez no caminho estreito que tomamos. Não restou uma única forma das donzelas invertidas.

Passado o obstáculo, continuamos descendo por muito tempo até que pude avistar a água escura na qual eu havia mergulhado. O medo proporcionado pela lembrança me paralisou completamente. Os demais seguiram em frente e avançaram através da água que começou a sugá-los.

Incapazes de sair, começaram a nos pedir ajuda, mas já era inútil, pois os seres aquáticos que ali habitavam começaram a devorar cada parte dos corpos, fazendo-os desaparecer. Do outro lado da água estava ela, com seu corpo atraente e falso, nua, esperando por nós, sentada em seu trono. Ela apenas dava gargalhadas enquanto tentávamos atravessar.

Depois que vários começaram a desaparecer na água, Serpente Negra foi pisando em suas cabeças, até chegarmos ao outro lado da lagoa. Então fizemos o mesmo, enquanto víamos centenas de Guardiões desaparecerem na água. A rainha finalmente se levanta e anuncia:

– Bem-vindos! Tantos homens no meu reino que me fazem querer ter uma grande festa, hahaha!

– Hora de desaparecer, rainha falsa! – Serpente Negra deu um grito ensurdecedor.

– Cuidado! Não sou nada falsa, rei corpulento da Serpente Negra – a rainha respondeu de forma intimidadora.

– Você está ocupando um lugar que não corresponde a você! – Serpente Negra iria destruí-la a qualquer momento.

– Forjei meu reino por séculos, fiz deste lugar minha força, não tirei nada deste lugar! Você pode habitar o domínio do Guardião de Lúcifer, mas este reino não lhe pertence – a rainha esbravejava.

– Este reino não é reconhecido aos olhos da Lei Maior! – rebateu Serpente Negra.

– Claro que não! Eu não respondo a essa estúpida Lei do Alto – a rainha deu de ombros. – Aqui comanda meu Senhor da Escuridão Absoluta!

– Seu Senhor da Escuridão Absoluta não comanda "absolutamente" nada que esteja dentro dos domínios da Lei Maior – Serpente Negra aumentava cada vez mais a força de sua voz tenebrosa.

– Não darei um único espaço do meu domínio. Além do mais, isso está apenas começando. Vamos nos divertir! Hahaha! – a gargalhada da rainha era penetrante e ensurdecedora.

Em um salto, a rainha foi em nossa direção, abrindo um portal que se alargou com um grande duto da cor lilás. Ali, ela desapareceu, deixando-o aberto para que nós a perseguíssemos. Todos seguimos seu passo e fomos sugados por essa espiral que nos moveu em direção à faixa neutra.

******

Capítulo 8

Uma Batalha com Sabor ao Final

Todos aparecemos dentro de uma casa abandonada. Pude ver algumas pessoas deitadas no chão, envoltas em tecidos escuros e com algumas garrafas cheias de líquido postas ao lado delas. Aparentemente, estavam em um estado alterado de consciência. Percorremos alguns quartos e avistamos pessoas bebendo seu próprio sangue e tendo relações sexuais.

Era uma assustadora falta de controle, propícia à falsa rainha. Não conseguíamos encontrá-la, então nosso rei expandiu sua visão diminuindo ainda mais nossa frequência. Éramos cerca de dez membros, o restante estava do outro lado, guardando a entrada do portal.

– Que desejam? – uma voz metálica e feminina da rainha ecoou por todas as direções.

– É hora de você se retirar do domínio do Guardião Lúcifer! – Serpente Negra gritou de forma intimidadora.

– Eu me retirar? Se eu estou me sentindo confortável, foi um ótimo trabalho sombrio, e eu não vou voltar atrás só porque me pedem. O rei iludido e seus plebeus cegos, hahaha! – a rainha soltou uma gargalhada arrepiante.

– A cega aqui é você, que ocupa um lugar que não ganhou, nem muito menos pediu permissão estar! – os olhos de Serpente Negra diziam que ele jamais recuaria.
– Permissão nas trevas? Você deve estar completamente cego, ó "grande" rei! – a rainha debochou.
– A escuridão tem um limite.
– O limite é definido pelo poder que faz a escuridão.
– Não, o limite é estabelecido pelo Regente do domínio.
– Isso é o que diz sua Lei Maior, não pela lei do nosso Senhor da Escuridão.
– Você vive honrando um Senhor que jamais viu.
A rainha sombria estava disposta a acabar com a pouca paciência de Serpente Negra:
– Sempre um rei da Serpente Negra tão idiota... Você nem merece usar uma coroa.
– A coroa é dada ao merecimento, não na usurpação de uma identidade – Serpente Negra rebateu, sem se abalar com a grosseria.
– Não finjo ser algo quem não sou, mas não revelo quem sou para não cair na servidão diante das sombras – a rainha disse.
– Você não está apta a se tornar uma rainha e não tem uma coroa, apenas escravas cegas que desempenham o papel de donzelas sem rumo!
– Continue dizendo coisas estúpidas! – a rainha sombria desafiou. – Consumirei todos esses que vieram com você!
Vimos uma grande sombra entrar no corpo de um dos Guardiões que nos acompanhava, que o fez ordenar às suas próprias cobras para atacarem-no. O veneno rapidamente tomou o poder de sua consciência, e este começou a nos atacar de maneira descontrolada. Então, Serpente Negra posicionou as mãos de maneira que conseguiu controlar as cobras e paralisar completamente o corpo do infectado, que caiu no chão petrificado.

Então, a rainha virou-se para Serpente Negra:
– Você não percebe que eles não têm como escapar deste lugar. Temos a noite toda, já que acessaram do meu portal. Eu sou a dona da passagem que vocês não abriram!
– Isso não é um problema, ou você já se esqueceu de que está nos domínios de outras pessoas? – Serpente Negra encarou-a novamente.
– Nem vocês nem eu pertencemos ao domínio, por isso somos iguais!
– Iguais diante da Lei Maior, eu não acho. Você é muito inocente, mas não pode pedir muito de você em meio à ignorância da das próprias trevas que não pode controlar, apenas sendo um fantoche do embaixo – Serpente Negra não se intimidava com os desaforos da falsa rainha.
– Marionete do embaixo, você está tão nas profundezas quanto eu. Você é controlado por uma estúpida Lei Maior que não lhe permite saborear o verdadeiro poder – a rainha falou com asco.
– O verdadeiro poder vem da ordem – era impressionante como Serpente Negra não se alterava.
– Não, vem da devassidão de dominar sob os próprios efeitos do exercício do meu poder. Eu sou a escuridão que expando. Você é uma escuridão limitada e condicionada à Luz.
– A Luz não condiciona, ordena. A escuridão trabalha ao lado da Luz para controlar seres como você.
– A Luz é tão cúmplice no mal que se disfarça de liberdade. A liberdade não está condicionada.
– Assim pensa e age uma rainha iludida. Mas a liberdade é algo concedido.
De repente, um ser disforme atravessou os cômodos, e saímos correndo em sua direção. Ao chegar à porta, ele nos pegou pelas costas e cravou em um dos Guardiões uma lança bolorenta e enferrujada, que rapidamente o reduziu a um

ovoide. Então, atirei alguns filamentos de fogo em suas garras, cortando-a antes que pegassem o ovoide. Imediatamente, o rei sacou seu cetro e absorveu um dos Guardiões.

– Como você foi parar tão baixo, Wither! – exclamou a falsa rainha, com desdém. – Você se juntou a um grupo onde sempre estará abaixo do rei. Comigo você poderia ser coroado.

– As coroas da ilusão não duram muito, rainha falsa – respondi, encarando-a.

– Rainha falsa, hahaha! – ela debochou movendo os ombros e colocando as mãos nos quadris. – Não foi isso que você disse enquanto aproveitava meu corpo deformado que nunca poderia saciar.

– Como apagar uma ilusão!? Você é tão enganosa quanto o que acredita! – devolvi, sentindo asco de mim mesmo.

– Você será meu, no sofrimento da eternidade – ela proclamou com um sorriso no canto dos lábios.

Na mesma hora, senti duas mãos puxando violentamente meus pés, o que me fez espatifar contra o chão do andar de baixo da casa abandonada. Era um salão, onde havia vários portais sombrios.

Tentei me levantar, mas minhas pernas estavam completamente paralisadas. Elas começaram a ficar escuras, e a dor novamente tocou minha consciência, trazendo à minha mente memórias do sofrimento que tive na fossa que ocupei durante tantos anos no domínio do Guardião Lúcifer. O medo me desviou completamente do que eu era; eu sabia que poderia cair outra vez em lugares como esse, e agora poderia ser o meu fim.

Um dos portais estava me sugando. Havia ali uma grande boca repleta de espinhos, que se moviam intercaladamente enquanto mastigavam meu pé direito. Era uma dor tão desesperadora, que me fazia urrar! Mas onde estava o rei? Eu não entendia por que ele não aparecia.

– Você não percebeu ainda que ninguém virá buscá-lo? Não importa gritar! – a rainha vociferou face a face comigo, mostrando-me seu verdadeiro rosto.

Olhos cinzentos, sem nariz, lábios esfacelados e pendurados em carne viva. Sua calvície mostrava parte de um cérebro enegrecido; sanguessugas chupavam suas bochechas. Usava um colar de pedras negras, e dentro de cada pedra havia um ovoide com formas humanas movendo-se em seu interior. Era realmente desagradável e com a pele completamente fria. Cerrei meu sentido da visão para evitar o arrependimento por ter me juntado a ela naquele relacionamento animalesco que tivemos no passado.

– Você não gostou, Wither? Por acaso, não me deseja mais? Você não almeja o poder de derrotar seu maldito irmão, que de novo quer vê-lo abaixo dele, como um súdito inútil diante da ancestralidade que os une? – as palavras da rainha monstro tentavam me confundir.

Mas respondi com firmeza, apesar da dor que tomava conta do meu corpo:

– Não estarei abaixo dele, mas ao lado dele. Dá para ver que não resta nem um pouco de consciência em seu cérebro podre, mulher deformada!

– Consciência! Hahaha – ela gargalhou com sua voz horripilante. – A consciência me permite saborear a liberdade de estar acima de você, e não sob a maldita Lei Maior.

Senti correntes pesadas batendo nas minhas pernas e envolvendo-as. Ao mesmo tempo, centenas de cobras negras começaram a cravar suas presas na carne podre do corpo da rainha. Ela gritou tão alto e agudamente que as cobras perderam força e adormeceram.

Tomada pelo ódio, ela se levantou e esticou os braços, pegando todos os Guardiões pelo pescoço, exceto o rei. Ele a encarou fixamente com olhos completamente vermelhos e recitou algumas palavras em uma língua ininteligível, mas capaz de enfraquecer a rainha, que caiu de joelhos, embora ainda mantivesse presos os Guardiões, que estavam perdendo a noção de onde estavam enquanto seus corpos iam ganhando uma cor acinzentada.

Então, cada um dos portais começou a irradiar uma névoa de cores escuras que envolvia a rainha. Várias mãos, garras, chifres, caudas, asas e outras formas deformadas começaram a atacar seu corpo. Mais uma vez, ela dá um grito agudo, só que agora nada aconteceu. Seu corpo começou a enrugar mais e mais, e ela finalmente soltou os Guardiões, que caíram desfalecidos no chão.

Em seguida, o Rei Serpente Negra se ajoelhou diante da falsa rainha e olhou diretamente nos olhos dela; então sorri suavemente. Ele sussurrou:

– Faz muito tempo que seus inimigos desejavam vê-la assim, rendida. Você jamais mereceu nenhum desses ovoides que carrega aí no seu pescoço, porque os conseguiu de maneira injusta. Agora, você vai devolver o poder a cada um deles para restabelecer a ordem em seus reinos negativos. E quanto a você – Serpente Negra apontou o dedo na cara da falsa rainha –, vai ajustar as contas comigo abandonando completamente esse seu reino inventado.

Um a um, os ovoides foram sendo removidos, porém, de forma nada nada sutil. Cada mão, garra e outras formas que saíam daquela névoa, rasgavam a pele da rainha, parte do pescoço e seu rosto. Depois que o último ovoide foi removido, a falsa rainha já estava quase decapitada e, caída ao chão, foi encolhendo como um feto.

Em seguida, Serpente Negra virou-se para mim estendendo seu braço para me ajudar a levantar. Ele disse:

– É hora de voltar ao nosso reino.

A muito custo, recuperei o movimento das pernas. Então, ajudamos os outros Guardiões e nos retiramos através do mesmo portal que nos levou até lá.

Em instantes, estávamos no reino da rainha caída. Ali nos reencontramos com demais Guardiões que ficaram de sentinelas nos esperando. Serpente Negra colocou-se à frente de nós e começou a cavar um buraco bem na frente do trono da rainha, que estava aturdida com tanta dor.

Em seguida, ele ergue os braços, trazendo do alto uma luz branca que iluminou o lugar. Estava abrindo um portal no qual todos entramos.

A rainha acorrentada reconheceu a energia daquele lugar e, em seus últimos esforços, tentou escapar do grupo, mas já era tarde demais, uma vez que uma serpente negra a esmagou, deixando um som ensurdecedor de ossos quebrando. Ao mesmo tempo, uma cobra negra cravou um veneno espesso em seus dois olhos, deixando-a incapaz de ver. Desesperada, ela começou a amaldiçoar cada um de nós. Cada um pulou no buraco iluminado para cairmos instantaneamente no reino do Guardião Lúcifer.

******

Assim que me vi naquele reino de Lúcifer, minhas lembranças me fizeram sentir medo novamente. Mais de cem anos se passaram, mas eu ainda não conseguia apagar o sofrimento que me transformou, que me afundou, mas que foi o único meio de me libertar da prisão na qual eu havia me enclausurado por minhas próprias decisões.

O Rei Serpente Negra caminhou em direção a uma porta de cristal que era vigiada por dois Guardiões com olhos vermelhos e rosto translúcido, através do qual se podia observar como os conduítes de luz negra os deixavam com uma aparência espectral. O rei ficou de joelhos, depositando um ovoide no chão. Os dois Guardiões da entrada observaram o ovoide e, imediatamente, tocaram na porta para deixá-la entreaberta. Naquele momento, o Rei Lúcifer apareceu segurando um cetro em forma de pentagrama, carregando centenas de ovoides.

Ele saudou Serpente Negra:

– Vejo que você fez o trabalho para mim, companheiro.

– Devolvo o favor do que você já fez pelo meu irmão – Serpente Negra fez uma reverência.

– Você já falou para ele?

– Sim, ele já sabe.

– Então, você está em boa posição com seus ancestrais, está juntando peças, apesar de estar nas trevas.

– Ele é o único que me encontra aqui comigo, os outros estão no alto.

– Então, sua família ancestral continuará sendo separada por vibração.

– Eles farão esse equilíbrio, porque daqui não nos moveremos, hahaha! – Serpente Negra ousou uma piada.

– Aqui é o doce lar da dor, da retidão e da coragem de forjar com a escuridão.

– Definitivamente, doce não tem nada, companheiro – Serpente Negra sorriu.

– Mas a escuridão a torna tentadora – ironizou Lúcifer.

– E a tentação torna tudo doce.

– Hahaha! – Lúcifer gargalhou e perguntou em seguida: – O que você me trouxe, parceiro?

– Aquela que assumiu o controle do seu reino na parte escura do domínio – Serpente Negra respondeu.

– A intrusa escondida em uma das minhas fossas.

– Ela criou um forte reinado por muitos séculos – explicou Serpente Negra.
– Eu nunca a havia encontrado, afinal quem faria um reino em uma fossa de esgotamento energético?
– Apenas alguém que gosta de bestialidades e podridão.
– Digno de uma rainha suja, hahaha.
– Você quer que eu lhe entregue-a em forma de ovoide?
– Ela mesma será reduzida a uma das fossas que seu irmão conhece, hahaha!
– Ela perdeu o senso de visão, está sob o veneno da devastação.
– Isso torna tudo ainda mais agradável. Ela também perderá suas habilidades motoras. Ela ficará paralisada por toda a eternidade.
– Isso fica com você, companheiro – Serpente Negra entregou o ovoide a Lúcifer.
– Então, nós temos um vínculo – Lúcifer disse olhando para o ovoide.
– Seu reino e meu reino unidos na força da Lei Maior.
– Assim seja, Rei Serpente Negra.
– Assim seja, Rei Lúcifer.
– Embora sua porta estivesse sempre lá... – Lúcifer disse.
– Eu criei esse elo em favor de quem você havia me oferecido para recuperar, agora eu devolvo isso aí, com esse resgate que fiz.
– Então, estamos em equilíbrio.
– Definitivamente.
– Então, aqui me retiro – Lúcifer despediu-se fazendo um gesto com a cabeça.
– Até logo... – Serpente Negra retribuiu e virou-se para deixar aquele domínio.

Levantamo-nos do chão, enquanto a falsa rainha foi entregue aos Guardiões que acompanhavam Exu Lúcifer. Eles a pegaram pelos braços, enquanto o rei Lúcifer a tomou pelas duas pernas, cristalizando-a completamente, transformando-a em algo petrificado. Eles lentamente a arrastaram pelo corredor, o mesmo no qual eu havia sido arrastado, e se perderam no horizonte.

Então, seguimos para o lado oposto daquele corredor e a porta das serpentes negras se abriu. Avançamos vitoriosos para o reinado de Serpente Negra, que era meu novo lar.

******

Capítulo 9

Iniciando-me no Mistério da Serpente Negra

Voltamos ao grande salão, e os Guardiões feridos foram levados às alas de cura do castelo. Consegui me regenerar por meio dos poderes da serpente que havia aprendido a usar tempos atrás.

– Wither, é hora de decidir – impôs Serpente Negra.
– O quê, meu Senhor? – indaguei.
– Se vai realmente pertencer ao Mistério da Serpente Negra.
– Isso depende de sua vontade, respeitado rei.
– Minha vontade não é sua decisão, mas sua decisão será a liberdade de minha vontade.
– Então, que seja minha decisão sua vontade. Eu estou rendido diante do Mistério.
– É o momento de chamarmos o Regente do Mistério – avisou Serpente Negra.

Nesse momento, Rei Serpente Negra me pediu para que eu me despisse completamente. Eu fiquei de joelhos, cercado por um círculo de serpentes negras, todas me encarando fixamente, enquanto chacoalhavam suas caudas em uníssono.

O Serpente Negra, então, sentou-se em seu trono e, erguendo com o braço esquerdo o cetro que carregava os ovoides, pronunciou:

"Ior Mehash Ulum Akish Ye Ahim Ye!"

E golpeou o cetro contra o chão, o que fez abrir um grande buraco negro, de onde saiu uma gigantesca serpente negra. Baixei o olhar, sentindo o maior medo que poderia ter vivido em toda a minha longa memória. Pela primeira vez, comecei a chorar de temor, era algo que não pude conter. Senti o fim da minha história, mas ao mesmo tempo o começo de uma nova vida.

A voz estrondosa do Regente do Mistério da Serpente Negra se fez ouvir:

– Quem deseja ser parte do Mistério, Rei Serpente Negra?

– Aqui está um novo portador do seu Mistério Sagrado, amado Regente. Nós o procuramos por milênios, e agora é hora de ativar a Serpente Negra sagrada que habita nele – Serpente Negra respondeu solenemente.

– Será assim, então, sua morte da escuridão invertida, para converter sua nova vida na escuridão negativa.

A cobra abriu sua boca enorme e me engoliu. Agora era realmente meu fim, eu estava dentro da Serpente Negra. Entrei em uma completa escuridão e minha pele começou a arder como tomada por brasas. Não conseguia gritar nem enxergar, pois meu rosto havia sumido; não conseguia cheirar, pois o cheiro era nulo; mas pude sentir na pele um novo tipo de dor.

O movimento em ondas me levou a um lugar que eu não conhecia. Eu sabia que estava dentro do Regente, mas não me sentia mais no reino onde havia encontrado uma nova oportunidade. Lentamente perdi a consciência, agora o sono me deixava desorientado, sem saber para onde ir ou o que pensar que aconteceria fora dessa forma que me havia consumido totalmente. Não me sentia mais como um kiumba, um ser das trevas em favor do Senhor da Escuridão. Já estava me esquecendo do que perseguia, apenas sentia a transformação do meu corpo e consciência.

Passei décadas morando dentro daquele corpo do Regente do Mistério. Senti a barba mais longa no meu rosto e minha mente estava mais tranquila. Parece que minhas ambições não estavam mais presentes, mas minha fé foi fortalecida no Mistério que me tornara um embrião da espiritualidade, pronto para renascer na escuridão como servo do Criador que faria das trevas seu novo lar.

Era hora de partir, todos os movimentos foram revertidos. Senti o retorno a algo vazio, mas, finalmente, novo.

Fui cuspido pela grande Serpente Negra em um lugar completamente vazio. Caí no chão, nu, um pouco mais velho. Eu me sentia parte do lugar, sem conhecê-lo. Não havia ninguém, éramos somente o Regente e eu.

– Aqui está sua nova realidade, Guardião da Serpente Negra – disse o Regente.

– Sou eu quem honrará o sagrado Mistério que é o Senhor, amado Regente – respondi em reverência.

– Você é o reflexo do meu potencial, mas seu potencial deve ser nutrido com o conhecimento de sua capacidade, usando o meu Mistério.

– Sou um instrumento do seu sagrado Mistério, que explorará o potencial de viver esta nova vida de Guardião.

– Você viverá a nova vida como Guardião, mas terá que sentir a solidão como uma nova maneira de amadurecer no silêncio de sua consciência.

– Que seja a solidão que domina esse espaço vazio, e quando chegar a hora certa, honrarei este lugar com a presença de outros que desejam ser fiéis à sua grandeza.

– Esses outros chegarão quando você menos esperar. E você deve conquistá-los, lutando contra a escuridão que os arrastará para este lugar que tem uma coroa, mas aguarda um rei.

– Não me sinto rei, mas não negarei que o futuro me dará as pernas para caminhar em direção à coroa.

– Pernas para correr e pele para rastejar na escuridão que vigiará você.

– Ela me vigiará, mas não vou permitir que ela assuma o controle do meu Mistério.

– O Mistério só tomará conta de você, embora as trevas não deixem de existir em seu interior.

– A escuridão sempre será recebida dentro de mim, mas não para ser um escravo dela, mas um aliado de seu vasto poder.

– De seu vasto poder, você deve extrair a sabedoria que o ajudará a alcançar a coroação.

– E da coroa me sentirei honrado enquanto aprender com seu Mistério.

– E o Mistério em seu esplendor é o que vai coroá-lo.

– Assim, que essa oportunidade seja a força para eu me coroar.

– E que sua dedicação seja meu Mistério em expansão.

– Assim seja, o meu amado Regente.

– Agora você tem que saborear seu novo estado.

– Farei isso no silêncio dos meus movimentos e na agitação do meu chocalho.

– Não o agite se você não for atacar – o Regente advertiu.

– Quando a escuridão chegar a esse lugar vazio, ressoarei meu chocalho no movimento ondulante do Mistério que protejo.

– E, então, você verá seu irmão ancestral que agora está em outro lugar.

– Estamos separados para nos unirmos.

– Estão unidos por mim, mas separados para se unirem mais.

– O Senhor pensa em tudo, regente amado.

– Penso no movimento que sou em cada um dos meus iniciados.

– Somos muito diferentes?

– Cada Serpente Negra é uma história para contar.

– Então, que seja feita história dessa vida que começo a levar.

– Assim será, porque você não contará mais nada como um ser das trevas.

– Enfim, sou um pouco em cada página das minhas memórias.

– Você é um pouco mais, em cada memória de que se lembre.

– Que assim se faça.

– Até breve, Guardião da Serpente Negra.

– Até breve, Sagrado Regente.

A Grande Serpente Negra saltou no ar e afundou no solo, desaparecendo entre as pedras do lugar. Levantei-me já vestido com uma túnica preta. Eu estava no cume de uma espécie de montanha. Então, andei em direção à beira do precipício.

De braços abertos, aceitei a escuridão que me permitiria enxergar por toda a eternidade e, da mesma forma que ela me abraçara séculos atrás, agora eu lhe dava as boas-vindas para escrever minhas novas memórias... como Guardião da Serpente Negra.

Pela Lei Maior e Justiça Divina,

Que assim seja.

Laroyé Exu Serpente Negra!

Exu Serpente Negra... Omojudbá!

MADRAS® Editora

Para mais informações sobre a Madras Editora,
sua história no mercado editorial
e seu catálogo de títulos publicados:

Entre e cadastre-se no site:

www.madras.com.br

Para mensagens, parcerias, sugestões e dúvidas, mande-nos um e-mail:

marketing@madras.com.br

SAIBA MAIS

Saiba mais sobre nossos lançamentos,
autores e eventos seguindo-nos no facebook e twitter:

@madrased

/madraseditora